学級経営サポートBOOKS

この1冊で指導法と予防法が分かる
担任になったら必ず読む

小学校低学年
困った場面の
指導法

広山 隆行 著
Hiroyama Takayuki

＼低学年特有の 指導法が分かる／

＼日常生活,学校生活の 指導例が満載／

明治図書

はじめに

　「低学年ならなんとかなる」「低学年は大丈夫」……そんな話を耳にしたことがあります。本当でしょうか。かつては「低学年は教師の言うことを素直に聞いてくれる」と言われました。しかし今の時代は違います。低学年だからこそ，好き勝手に自分たちの要求を伝え，本能のまま行動していきます。低学年だからと思って子どもを甘く見てはいけません。特に若い先生が子どもをやさしく大切にするあまり，子どもの要求を受け入れすぎ，学級崩壊状態になってしまうということはよくあることです。たとえ学級が崩壊しなくても，命令・指示，注意・叱責で子どもを動かし，冷たく静かで子どもの表情はみるみる消えて能面のような学級も見ました。その一方で，子どもの表情が活気にあふれ一人一人の輪郭がはっきり映る楽しく暖かい学級があります。低学年の指導は，教師の指導がそのまま子どもらしさを表出してくれます。加えて低学年の時の指導がその後の小学校生活の土台を築いていくのです。

　かつては，高学年は男性教師，低学年は女性教師というすみ分けがありました。しかし近年，低学年であっても父性的な力が必要であったり，保護者対応のためであったりと男女バランスから男性教師も低学年担任になる場合が増えました。私は幸い１年生から６年生まで経験させてもらえました。その経験をもとにPart１では，低学年の担任としての臨むべき心構えを書きました。Part２からは，62の事例を通して低学年特有の具体的な場面と対応についてズバリ３つに絞って書きました。先生が困っている状況に応じて読んでいただき，すぐに対応できるようにしてあります。また本来でしたら問題行動が起こらない方がいいのです。そのため各場面には「予防のポイント」を書いてあります。

　また，私自身が幼稚園教員専修免許状を有しており幼稚園児と教育実習を

経験した経緯もあります。あわせて現在，地元のとある保育園の理事を務めさせていただいています。そのため小学校と幼稚園・保育園の関わりや相違についてもその都度書いています。どのような状態で子どもたちが入学してくるのか知ることができるはずです。

　この本の執筆中，ちょうど低学年になるわが子が急な病気のため意識不明の重体となりました。救急車に乗り意識の混濁と低下する心拍数を見ながら人の命の消えゆくであろう様を見ていました。救急治療室に入っている間「生きていてほしい」と願い続けました。翌日，わが子が目を開き私の顔を見て笑った瞬間，生きているだけで充分だよと心から思いました。子どもが目の前にいる幸せを子どもが誕生した時は感じます。でもその幸せはいつの間にか当たり前のようになり，もっともっとと追い立て，不十分さに目をやり叱ってしまう毎日になります。教師もまた，教師になった時は，その喜びや夢，志があったはずです。目の前の子どもと関われる素晴らしさを感じていたはずです。年齢を重ねても常に「あの頃」を思い出し，目の前にいる子どもがそこにいるだけで十分百点満点なのだ，出会った子どもたちにとって価値ある教師になりたい，少しでも子どもの力を伸ばしたい，という心で接したいものです。そのことを思い出させてくれたわが子の出来事でした。

　最後になりましたが，本書を書く機会をいただきました明治図書の木山麻衣子様には『小学校高学年困った場面の指導法』出版後すぐに「次は低学年ですね」と声をかけていただきました。途中，わが子の病気のため執筆が遅れた際には何度も励ましのお言葉をいただきました。無事，わが子が元気になると同時に本書も世に出る運びとなりました。記して感謝申し上げます。

2017年7月

広山隆行

もくじ

はじめに　　2

Part 1　担任になったら押さえたい低学年指導の基礎・基本

1	低学年の子どもとのコミュニケーションの基本	8
2	低学年の子どもへのほめ方の基本	10
3	低学年の子どもへの叱り方の基本	12
4	低学年の心をつかむ注目すべき指導場面	
	①　1年生に特有の指導場面	14
	②　2年生に特有の指導場面	16
	③　学校生活で意識して気を付けること	18
	④　学習指導で意識して気を付けること	20
	⑤　友だち関係で意識して気を付けること	22
	⑥　日常生活で意識して気を付けること	24
	⑦　保護者への対応で意識して気を付けること	26

Part 2　1年生の指導場面
―困った時の解決策と予防のポイント

1	幼稚園や保育園による経験の差がある	28
2	朝，なかなか学校に行きたがらない	30
3	先生にくっついてくる	32
4	ひらがなや数字が読めない	34
5	よく泣く・すぐ泣く	36
6	給食までにお腹がすく	38
7	給食が食べられない	40

8	午後，ねむくなる	42
9	一人で遊んでばかりいる	44
10	集中力が45分間もたない	46
11	一人でテスト（プリント）ができない	48

Part 3　2年生の指導場面
―困った時の解決策と予防のポイント

1	休み時間のきまりや約束を守らない	50
2	字が雑になる	52
3	1年生と上手に関われない	54
4	1年生を子分のように扱う	56
5	上級生とのトラブルが多い	58
6	急に幼くなる	60

Part 4　学校生活の指導場面
―困った時の解決策と予防のポイント

1	よくトイレに行く	62
2	おしっこを失敗する	64
3	よく言いつけに来る	66
4	給食を食べる時の姿勢が悪い	68
5	同じことを何度も聞いてくる	70
6	机の中が散らかっている	72
7	生き物をいっぱいつかまえてくる	74
8	文房具が遊びにつながるものになっている	76
9	歯が抜けたと大騒ぎする	78
10	トイレを上手に使えない	80

Part5　学習に関わる指導場面
　　　　　―困った時の解決策と予防のポイント

1	姿勢が悪く，自分の席でじっとしていられない	82
2	ハイハイ！とうるさく手を挙げる	84
3	鉛筆の持ち方が悪い	86
4	声が小さくて聞き取れない	88
5	話が聞けない	90
6	知ってる！とすぐに言う	92
7	だらだらと長く話をする	94
8	語彙が少なく，なかなか文章が書けない	96
9	本をなかなか読まない	98
10	学習についていけない	100

Part6　友だち関係の指導場面
　　　　　―困った時の解決策と予防のポイント

1	すぐに手が出る	102
2	友だちを仲間外れにする	104
3	友だち集団に入れない	106
4	仲良し二人組でしか遊ばない	108
5	すぐにけんかをする	110
6	けんかしても仲直りできない	112
7	勝負にこだわる	114
8	物のやりとりをかくれてやっている	116
9	だめだよ！いけないよ！と注意ばかりする	118
10	特別支援学級の子どもと上手に関われない	120

Part 7　日常生活の指導場面
　　　　　―困った時の解決策と予防のポイント

1	準備物がそろわない	122
2	宿題ができない	124
3	箸を上手に持てない	126
4	歩くスピードが遅い	128
5	集団登校の時刻に遅れてくる	130
6	寄り道して帰りが遅い	132
7	子どもだけでコンビニに行く	134
8	近所で遊ぶ態度が悪い	136

Part 8　保護者への対応
　　　　　―困った時の解決策と予防のポイント

1	「宿題の量が少ない（多い）」と言ってくる	138
2	「お便りがなかなか届かない」と言ってくる	140
3	テストの点数をとても気にしている	142
4	「友だちの家で遊ぶ時のマナーが悪い」と相談があった	144
5	「学級だよりをたくさん出してほしい」とお願いされた	146
6	クラス替えで「(特定の子どもと)一緒にしてほしい」と言ってくる	148
7	特別支援の相談を受けた	150

Part 1　担任になったら押さえたい低学年指導の基礎・基本

1 低学年の子ども とのコミュニケーションの基本

1対1で関わる

　低学年の子どもとの関わりは「教師」対「一人の子ども」の対応が基本になります。低学年の子どもにとって教師は「私の先生」という「私だけのもの」としてみています。ですから学級全体に指示を出していても，その子一人一人に語りかけるように関わることが大切です。よく子どもが「先生もう1回言って下さい」と言う場面があります。これはその子どもが聞いていないのではなく，自分に話しかけてくれていないと思っている証拠でもあります。全体への指導をする場面で，聞いていない雰囲気があれば「○○さん，大丈夫？」「聞いていた？」と確かめるように対応します。

　授業においても，一人一人にまなざしを向け，「先生はあなたといっしょに勉強していますよ」というメッセージを常に送り続けることが大切です。

能動性を活用する

　低学年の子どもは，やる気の塊です。このやる気は「能動性」と言い換えることができます。「能動性」とは，子どもの内発的な学ぶ意欲のことです。子どもの内発的な学ぶ意欲をもって学校生活に取り組ませるのです。低学年は学ぶことすべてが新しく，勉強そのものが楽しくて仕方がないのです。教科の学習も休み時間も新鮮な気持ちで取り組みます。例えば，「先生！　折り紙でこんなもの作ったよ！」「きのう勉強したひらがな，こんなに書いたよ」などいろんなことを言ってきます。こんな時は「すごいねぇ。教室に飾っておこうか」「いっぱい勉強したね。きっとすぐにひらがなが全部おぼえて書けるようになるよ」などと言ってあげましょう。低学年では教師の想像していたこと以上に子どもたちがどんどん動きまわります。教師の命令や指示通りに動かそうとするよりも，子どものよい所を認め，それを価値づける

ことで意欲を高めていきましょう。低学年ならではの能動性を積極的に活用します。

B児童観を知る

　教師は普通，子どもを教師自身の「めざす子ども像」「理想とする子どもの姿」に近づけようとします。ただし，教師の思いが強すぎると子どもの悪い面ばかり目につきます。子どもの理想を100点満点として，そこに近づけようとする見方を「A児童観」とします。でも，もう一方の見方があります。今いる子どもはそこにいるだけで100点満点だとするのです。そこから加点的に見ていく見方を「B児童観」とします。すると100点以上にどんどん点が積み重なっていきます。例えば，学級のみんなで教室のそうじをする場面です。そうじをしていると，熱心にぞうきんがけをしたりほうきで掃いたりしている子どもがいます。一方，怠けて動かなかったり遊んだりする子どもがいます。多くの教師はそうじをせずに遊んでいる子どもに注目し注意します。しかしB児童観で子どもを見ると，一生懸命そうじに取り組んでいる子どもの姿が映ってきます。自分で進んでそうじができる子どもに「すごいね！」「自分で見つけて動けるんだね」と感動できます。また，「1年生だってできるんだ！　すばらしい！」「さすが2年生！　1年間学校で学んだだけあるね」と声をかけることができます。

　B児童観で子どもを見ることができるようになると，子どものよい面がたくさん見えてきます。B児童観で見ることは簡単なことではありません。でも「こんな見方ができるんだ」と知っておくだけで，視点を変えることでどんな子どもとも十分コミュニケーションをとるための素材が見つかります。

ポイント

- 1対1の対応でまなざしを向ける。
- 子どものやる気をどんどん活用しよう。
- どんな子どもも100点満点の姿としてとらえよう。

2 低学年の子ども へのほめ方の基本

できることに感動する

　低学年はほめられるのが大好き。子どもの言動に対してとにかくほめましょう。ほめてほめてほめまくるのです。私たちが当たり前にできると思っていることだって，小学校に入学したばかりの子どもたちにとっては大変なこと。「そんなこともできるんだぁ。すごいね」「なんだ！　君たちもうちゃんと座っていられるんだね。スーパー１年生！」などとおだてていくのです。中にはやんちゃな子どもたちもいるかもしれません。それでもほめる所を見つけるのです。何とか「ほめなくちゃ」と考えるよりも，子どもの言動に対して教師が素直に感動した場面で声を出せばいいのです。例えば，簡単に「感動の三段活用」として「いいねぇ」「すごい！」「すばらしい！」という３つの段階を意識して使い分けるだけで違います。教師の心に沿ってすぐに声と表情で表すだけでも十分です。

のせてのせて，どんどんほめる

　低学年の子どもはほめられれば同じことをどんどんやり続けます。友だちがほめてもらうと，私もほめて！とばかりに活動していきます。できないことを注意するよりもほめることを見つけ，続けていけば学級はうまくまとまっていきます。なにより教師にほめられることが励みになり，学校に行くのが楽しくなります。例えば，「みんなの姿勢がとってもいいですね」と話したとたん，子どもたちの姿勢がビシッと伸びていきます。さらに「目が素敵ですね。こっちを向いて目に力が入っています」と話すと，さらに目をキラキラ輝かせてぱっちりと開いてくれます。

　「ほめる」ということは「価値づける」ということです。教師が「これは大切なんだ」という価値を示し，方向づけることになります。学級が落ち着

かない時にこそ，子どもたちのいい所を見つけて「ほめる」ことを意識しましょう。

友だちをほめた子どもをほめる

　教師が子どもをほめることは，教師自身が意識していれば可能です。もう1つ，友だち同士をつなぎ合わせる最高のほめ方があります。それは，子どもが友だちをほめた場合です。こういう場面があったら見逃してはいけません。友だちをほめた子どもを教師はしっかりほめるのです。例えば，暑い日に周りを察して窓を何も言わず自分から進んで開けてくれた夏子さんに対して千秋さんが「夏子ちゃん，消してくれてありがとう」とほめた場面です。この時，千秋さんをほめるのです。「千秋さん，夏子さんが窓を開けてくれたことに気付くなんてすばらしい！」と。

　友だちのいい所に気付いた子どもをほめ，周りに広げます。すると，周りの子どもも自分がほめてもらいたくなるので，誰かのいい所を見つけたくなります。ふつう教師は，窓を開けてくれた夏子さんをほめがちですが，夏子さんは普段の行動の一部として窓を開けただけで，ほめられようと思ったわけではありません。きっと夏子さんは教室が暑かったら自然と窓を開けてくれるはずです。夏子さんをほめれば窓を開ける子どもは増えるでしょうが，それよりも，友だちのよさに気付いた子どもをほめることで，別のいいことをした子どもの行為・行動に注目できるようになります。

ポイント

- ほめてほめてほめまくろう。
- ほめ続けることで学級がうまくまとまる。
- 友だちのよさが見える子どもを育てよう。

3 低学年の子どもへの叱り方の基本

その場その時その瞬間, すぐに叱る

　子どもがいけないことをした場合, すぐに叱りましょう。低学年の子どもの場合, 後で呼んで指導しようと思っても, 「何のこと？」と覚えていないことがあります。いけない場面や指導すべき場面はすぐに指導します。

　特に廊下を走っていたり, 特別教室への移動の態度が悪かったりした場合, すぐにやり直しをさせます。「ちょっと待って」と声をかけ, 何がいけないのかを明確にします。最初は, 何がいけなくてどうすればいいのかをきちんと教えてあげましょう。いけないことだと分かっていない子どももいるのです。ただし, 同じ指導を繰り返す場合や１年生の後半や２年生になってくれば, 自分でどうすればよかったのかを考えさせてもいいでしょう。

　また, 教室で大事な話をする場合, 子どもたちが静かになることを待ってはいけません。高学年であれば, 学級全体が静かになるのを自然に待つことによって, 先生が何らかの大事な話をするんだな, という暗黙の雰囲気を察することができます。低学年は, そんなことはおかまいなしです。静かになるのを待っていても静かにはなりません。大事なことは「静かにして！」「今から話をします」と言ってしまいましょう。

次の行動を示す

　低学年の子どもを叱った後は, 叱りっぱなしにしません。なぜいけないのか, どのようにすればよかったのか, 次どうすればいいのか行為・行動として教えてあげます。例えば, ろうかを走っていた子どもたちを見つけたとします。「ろうかを走ってはいけませんよ。ぶつかったらあぶないでしょう。走った場所からもう一度歩いておいで」「トイレのスリッパがそろってなかったですよ。次使う人が気持ちよく使えるように, そろえてごらん。できる

かな？」と語りかけます。たまに叱った後で「どうすればいいか自分で考えなさい！」と突き放す教師を見ることがあります。高学年なら自分で考えることもできますが、低学年の子どもはなかなか自分で考えるだけの情報を持ち得ていません。もしも自分で考えさせたい時は、「宿題をやってこなかったよね。昼休みに宿題をやる？　それとも放課後やってから帰る？」と選択肢を与えて考えさせましょう。

誰かをほめることで，間接的に気付かせる

　子どもを叱る前に，同じ行為・行動を正しく行っている子どもに目を向けてみましょう。その子どものことをほめてやることで，間接的に気付かせてあげることができます。そして，気付いて正したのであれば，そこをほめるのです。例えば，「Ａ君！　姿勢が悪いですよ。姿勢を正しましょう」と言うよりも，次のように言います。「Ｂさん！　姿勢がいいですね。素敵です」と。それを聞いたＡ君は姿勢を正します。「おや！　Ａ君も姿勢がよくなりましたね。気付いて自分から直す人も素敵ですね。Ａ君，今の姿勢忘れないでね」と声をかけます。

　叱る場面をあえて，ほめる場面に変えるのです。結果的に姿勢を正すのはどちらも同じこと。でも，教室の雰囲気は後者の方がとてもいい感じになるはずです。

ポイント

- ■ いけないことは，すぐに叱る。
- ■ 次，どうすればいいのか教えてあげよう。
- ■ 叱る場面をほめる場面に変えよう。

4 低学年の心をつかむ注目すべき指導場面

① 1年生に特有の指導場面

学校では教師が親の代わりという意識をもつ

　送り迎えをお家の方にしてもらっていた子どもにとって，特に4月は全く知らない場所。子どもによっては，ほとんど知らない友だちばかりということもあります。そんな子どもにとって頼ることができるのは教師だけ。1年生の担任になったら教師は「先生」という顔ともう1つ「お家の人の代わり」という顔をもっておきましょう。

　例えば，1年生が学校に慣れてくるまでのしばらくの間は朝，教室にいて子どもたちを迎えます。教室で何かあってもすぐに対応できるようにするのです。周りに大人が全くいない状態をつくらないようにするのです。

　1年生の子どもにとっていざという時に頼りになる大人がいないというのはとても不安なことなのです。教師も大変かもしれませんが，朝はすべての子どもたちの登校を迎え入れるつもりでいましょう。

できることはやらせる

　1年生といっても，ちょっと前までは幼稚園や保育園で「年長さん」として立派に生活していたはずです。もっと小さな年少・年中の子どもたちの面倒を見たり，掃除やお手伝いなどいろんな当番活動をしたりしていたのです。

　それなのに小学校に入学した途端，何も知らない赤ちゃんのように扱っている上級生や教師の姿を見かけます。在校生が「1年生に学校のことを教えてあげなくちゃ」という気持ちは分かります。ただし，何から何まで教えるのではなくて，「これはできる？」と問いかけて，できることは1年生にもどんどんやらせるのです。教師もすべてにおいて一から順に「こうしなさ

い」「ここはこのようにするんですよ」と指示するのではなく,「トイレはどう使ったらいいか知ってる?」「そうか! だったら自分たちでできるよね。最後のスリッパはどうするの?」「そうだね。そろえるんだね。じゃあ自分でやってごらん」と進んでやらせていきます。

　朝のランドセルの準備や給食の準備など,6年生が手伝いに来る場合には,6年生にも「1年生ができることはさせる」ように伝えておきましょう。1年生だけでできるようになったら6年生の役割は終了です。

　「1年生になったらお兄ちゃんになるんだよ」「勉強も運動もいろんなことができるんだよ」と意欲を持って卒園式で送り出した幼稚園や保育園の先生たちの思いを受け止めながら,甘やかして幼稚園や保育園の姿よりも退化することのないようにしたいものです。

みんなが共通の約束づくりをする

　入学したての1年生は幼稚園や保育園でそれぞれのルールで生活しています。そのルールを共通のものにしていく作業が大切です。例えば,ご飯を食べる前のあいさつ1つとっても,小学校のように「合掌,いただきます」ではありません。そこで「今まではどうしていた?」と問いかけてそれまでの経験をたくさん語らせてあげる中で「学校ではこうするんだよ」とか「〇〇さんたちがやっていたように,学校ではみんなでやってみようか」と共通理解を図っていきます。また,1年生は時計や文字が読めません。もちろん読める子どももいますが,あくまで数字やひらがなは小学校からの学習内容です。4月のうちは,絵や図を用いながら視覚的な配慮をしたうえで,学級みんなの共通の約束をつくっていくといいでしょう。

ポイント
- 朝の教室ですべての子どもを迎え入れよう。
- ちょっと前までは年長さん。できることがいっぱいあるはず。
- 学校の約束をみんなと一緒に確認していく。

② 2年生に特有の指導場面

丁寧さを定着させる

　2年生になると，1つ1つのことが新鮮だった1年生のころと違い，先の見通しがもてるようになります。1年生の時は何でも丁寧にできていたことがだんだんといい加減になったり乱雑になったりしてしまう時期でもあります。特に，字が汚くなったり筆圧がうすくなったりすることが目立ちます。また，鉛筆の持ち方もいい加減になりがちです。机の中やロッカーの整理整頓もおろそかになってきます。「1年生の時はもっときれいな字だったのに」「ロッカーや机の中はきれいだったはずなのに」と言っても，それは1年生の担任が毎日のように声をかけチェックしていたおかげなのです。

　1年生で教えたことを，2年生では自分でできるように定着させるつもりで指導していきましょう。そのためには，連絡帳の字について書き直しをさせたり，週末に机やロッカーの整頓をさせたり普段から丁寧に取り組むように指導していきます。

見通しをもたせながら行動させる

　1年間学校生活を送った2年生は，1日の流れや学校行事の流れに対して「次，これをするんだよね」「去年もやったよ」「知ってる！」「覚えてる！」と見通しがもてるようになっています。そこで，自分たちでできることはどんどん任せて行動させます。特に1年生との関わりが増える2年生には，1年生のお世話や教えてあげる場面を活用して上級生としての意識づけをしていきます。1年生の仕事を2年生がとってまで行う必要はありませんが，「1年生が困っていたら手伝ってあげようね」と声をかけていきましょう。

　また，「2年生になったからできるはずだよね」「自分たちでできるよね」というちょっとしたお兄さん気分・お姉さん気分をもたせてあげます。それが授業や学校生活への意欲につながっていきます。

自分勝手なルールを許さない

　１年生の時は教師の言うことを大切に守ってきたはず。でも，２年生になると（特に３年生が近づいてくると）仲良し集団での行動が増えてきます。ギャングエイジと呼ばれる年代です。エネルギーがあふれ，正しい方向に向かっている時はものすごい力を発揮します。反面，自分たちで都合のいいようにルールを解釈し，自分勝手な行動を起こしがちです。例えば，持ち物や休み時間に問題行動が出やすくなります。学習にふさわしくないキャラクターのついた文房具や遊びがメインの鉛筆を持ってき始めます。遊んではいけない場所で遊んだり，休み時間後の学習の開始がルーズになったりしてきます。

　子どもたちのエネルギーがどのような方向に向いているか教師が感じ取らなくてはいけません。定期的に持ち物について確認したり，遊び方について声をかけたりしながら学級のみんなが楽しく過ごせるようにしましょう。

ポイント
- 丁寧に取り組むことの大切さを語る。
- お兄さん・お姉さんとしての意識をもたせる。
- 学校生活のきまりをみんなで確認する。

③ 学校生活で意識して気を付けること

学校は何をしに来る所かを問う

　「学校は何をしに来る所ですか？」と問いかけると，子どもたちは間違いなく「勉強をしに来る所」と言います。そこで「勉強ってなあに？」と問い返すといろんな意見が出てきます。国語・算数・生活・音楽・体育といった時間割りに書いてある教科や領域です。「でも，時間割りに書いてあることだけが学校の勉強じゃないんだよ」と話します。すると，「分かった！　給食をちゃんと食べることも勉強だ」「休み時間，友だちと仲良く遊ぶことも勉強だ」「そうじを一生懸命することも勉強だ」と気付きます。学校の勉強は授業だけではなく，学校の生活の中がすべて勉強だということを教えます。

　「先生は教えるのが仕事。子どもは勉強するのが仕事ですね」などと例を示して学校での役割を確認してもよいでしょう。そして問題行動があった時などは「学校は勉強する所なんだよね」「何をしに来ているか分かるかな？」などと大前提から話してあげることもできます。

学校と家庭の違いを意識する

　子どもは小学校に「白紙」の状態で入ってくるわけではありません。入学前から様々な「色」がついています。特にテレビ・ゲームに歌謡曲といった情報に染まっています。例えば持ち物や衣服にキャラクターが大きくデザインされているものを持って（着て）来る子どももいます。依存の度合いは家庭によって濃い薄いはありますが，それぞれ「色」がついた状態で入ってくると考えてよいでしょう。この様々な「色」を「学校」という「色」に染めていかなくてはいけません。

　学校ではできるだけ家庭でも手に入る情報を避け，家庭教育では知りえない価値あるものに触れさせたいものです。もちろん子どもとのコミュニケーションの1つとしてキャラクターやテレビ番組の話題があってもよいでしょ

う。ただし，学校と家庭は違うもの。学校でこそ学ぶものは何かを意識して指導に当たりましょう。

適応の不具合は特別支援的視野も入れる

　入学前の幼稚園や保育園との連絡会などでは気付かなかったり報告がなかったりした子どもであっても，入学してから学校への不適応を起こすことがあります。自由で広い生活空間から机やイスが並ぶ教室に入り，いろんな場面で「そろえる」ことをきっかけに明るみに出ることがあります。特に低学年はそれがだんだんと明らかになってくる時期です。授業での学習の入りにくさ，言葉の入りにくさや視覚的な認識の弱さ，じっとしていられず多動的な傾向なども見える場面があります。できないからといって特別支援対象と決めつけるのはよくありません。大抵の場合は教師の指導の下で改善されていきます。しかし，時間がたっても改善されないようであれば，管理職や校内の特別支援コーディネーターに相談するとよいでしょう。また，保護者が心配している場合は（自治体によって違いますが）教育委員会等が相談窓口を開設していることが多いので紹介してもよいでしょう。

　中学年以降になると学習内容も難しくなり，学力差がどんどん開いたり，本人自体が特別支援学級へ途中から行きたがらなかったりという事態も生じます。本当に必要であれば低学年のうちに特別支援学級への入級を視野に入れておきましょう。

ポイント

- ■ 学校すべてが勉強する場所・勉強する時間と意識させる。
- ■ 入学前のそれぞれの「色」を，学校という「色」に染めなおす。
- ■ 入学前の情報をうのみにしない。

④ 学習指導で意識して気を付けること

学力は学校でつけるを大原則にする

　子どもには「学校は勉強しに来る所」と伝えます。では，教師は何をするのかというと，できないことをできるようにするのが教師の仕事です。できないからこそ子どもは学校に来るのです。その大部分は，学力です。勉強ができないのを親のせい，家庭のせいにするのはもってのほかです。私は勉強ができないままの子どもの親に対しては「申し訳ない」と思いながら（実際には話しながら）個人面談で話をしています。

　その学力もできるだけ授業中につけさせてあげたいものです。そのためには１時間の授業の教材研究や工夫も必要です。それでも子ども一人一人の理解力に差があります。どうしても休み時間を使ったり居残りをさせたりすることもあるでしょう。ただし，補習は最低限のものにしましょう。補習させられる子どもは，ただでさえ勉強に苦手意識をもっている子どもです。無理やり勉強をさせて，早い段階から勉強嫌いにさせてしまっては元も子もありません。補習をするのであれば「ちょっとずつ」「継続的に」「できた喜びが味わえるように」行いましょう。

学習しながら友だちをつくる

　教室は集団で生活をする場です。授業も集団での一斉指導が中心です。一人の担任教師が複数の子どもたちを相手にするのが実情でしょう。この授業の中で，子ども同士の結びつきを強めていきます。いわゆる「授業を通した学級づくり」です。例えば，勉強に困っている子どもが勉強のできる子どもに教わる場をつくります。「○○君がもうこの問題終わったんだって！　聞いておいでよ」「○○さんが教え方上手だったよ。聞いてごらん」「問題を解き終わった人の中で，困っている人を見つけたら教えてあげてほしいなぁ」などと教師は授業中に子どもと子どもをつなげていきます。子ども同士で勉

強を教え合う雰囲気をつくるのです。低学年の子どもたちはつい教師に頼りがちになります。でも，勉強は教師以外の友だちにだって教わることができるんだということを教えます。

一人一人の点検をする

　子ども一人一人が本当に分かっているか，教師が１対１で丁寧に点検をしましょう。授業で話し合いが盛り上がっても，授業中たくさん発表していても，実の所どれだけ学力として身についているのか分かりません。単元テストまで待たずに，頻繁にチェックをします。例えば算数を例にすると，授業の最後５分程度を，その日に学習した内容の問題から１～２問出します。ヒントなし，友だちの助けもなし。自力で解かせます。ノートに答えを書いて一人ずつ教師の所に持ってこさせ，マルかバツをつけます。マルがもらえたら授業終了。バツがついたら再度やり直しです。どうしても解けなかった子どもは最後に教師の所に集め，解き方を説明してあげます。解けた子どもの中で説明が聞きたい子どもも加えます。私はこうしたチェックを「関所」と呼んでいます。授業の最後の振り返りとして行ったり，給食準備中や給食後のすき間時間，帰りの会の後などに行ったりしています。こうして一人一人の定着を図ります。また，ここで授業中発表はなかなかできないけれど，話をしっかり聞いていて学力が身についているいわゆる目立たない子どもを「ちゃんと話を聞いていたね」と認めてあげることができます。

ポイント

- ■ できないことをできるようにするのが教師の仕事。
- ■ 学習を通して子どもと子どもを結びつける。
- ■ 関所を設けて本当に分かっているか確認する。

⑤　友だち関係で意識して気を付けること

友だちとの関わり方をチェックする

　1年生は小学校に入って友だち関係が一気に広がります。2年生は広がった友だちの中から仲の良い友だちがうまれてきます。その友だちの関わり方にトラブルの芽があります。子どもによっては「物」で友だちをつくる場合があります。「これあげるから，一緒に遊ぼう」「遊んでくれたからカードあげる」などという関わりです。仲の良い友だちを他の友だちにとられたくない心情から出てきます。時には「おごってあげる」「一緒に買いに行こう」と金銭が絡んでくることもあります。
　そうは言っても，友だちとどう関わっていくかも低学年の勉強です。友だちが増えることはいいことですが，友だちをどうつくるのか，友だちとどう付き合っていくかはこれからです。どんな友だち付き合いをしているかお家の方とともに気を配っておきましょう。

素直すぎる言葉に注意する

　友だちとの関わりが増えていく中で，子どもには仲の良い子ども（気の合う子ども）とそうでない子ども（気の合わない子ども）が出てきます。仲の良い友だちと勉強したり遊んだりしている時はいいのです。しかし，気の合わない子どもに対してあからさまに意地悪をしたり，仲間に入れてあげなかったりします。理由を聞くと「だって嫌いだもん」と平気で言うこともあります。大人であればちょっとはばかられる言葉であっても，子どもはそのまま口に出します。それは低学年の子どもの素直な言葉でもあります。「そういうことは口に出すものではないんですよ」「自分がされたり言われたりすると嫌でしょう」とその場面ごとに教えていきます。
　高学年の子どもであれば，後の人間関係を気にして言葉を選ぶ必要があります。でも，低学年であれば「いけないことはいけない」とビシッと伝えて

いいでしょう。教師が思っているほど後に引くことはありません。

客観的な目で見てみる

　休み時間，一人で過ごしている子どもがいないか気を配っておきます。低学年ではすぐに打ち解けてみんなで一緒に遊べる子どもがいる反面，なかなか自分から集団に関われない子どももいます。一人ぼっちでいる子どもは，学校での居場所のなさを感じやすい子どもです。後に，いじめや不登校といった問題につながりかねません。そこで学級内の人間関係を定期的に把握しておきましょう。

　例えば，定期的に客観的な視点で休み時間を見渡してみます。「誰が」「誰と」「どんな場所で」「何を（どんな遊びを）しているか」を記録します。月に1回は子どもと離れた場所で観察してみます。すると，見えなかった人間関係に気付くこともあります。また，個人面談の前に行っておくと，子どもが休み時間にどんなことをしているかを保護者に具体的に伝えることもできます。何度も一人でいる子どもには，直接話を聞くなどして子どもの声を聞いてみましょう。

ポイント

- ■ 物やお金のやりとりがうまれないように。
- ■ 悪気がなくても相手を傷つけることもある。
- ■ 一人ぼっちの子どもがいないか気を配ろう。

⑥ 日常生活で意識して気を付けること

学習習慣を身につける

「学校は勉強するところ」です。では，家庭で勉強しなくてもいいかというと，そういうわけではありません。学習に対してやる気のある低学年のうちに家庭で学習する習慣を身につけさせたいものです。特に，短時間でもいいので机に座って学習する習慣を身につけさせるようにお家の人に学級懇談や学級だよりなどでお願いしましょう。最近は家庭によって学習机のない所もあります。リビングでもかまいません。できれば低学年のうちはお家の人の目の届く範囲で学習させるようにお願いします。家庭で学習するという習慣は中学年・高学年になった時に活きてきます。

学習量は宿題でかまいません。「勉強して楽しかった！」と思えるような量で充分です。ただし「もっとやりたい！」という子どもにはどんどんやらせます。単純な漢字練習も計算練習も楽しいと思えるのが低学年です。この時期に繰り返し練習する習慣も合わせて身につけましょう。

自分のものは自分で準備する

自分のものは自分で準備する力をお家の方にお願いしましょう。１年生のうちは，お家の人と一緒に次の日の準備物を確認してもらいます。お家の人がしてあげるのではなくて，やり方を教えてあげるようにお願いします。お家の人がやって見せて，子どもと一緒にやってみて，子どもだけでやらせてみて，できなければまた教え，できたらほめてあげるのです。慣れてきたら一人で次の日の準備ができることがゴールです。自分で（一緒に）準備することで，ランドセルの中に何がどこにあるのか学校でもすぐに分かります。また，準備は必ず，夜寝る前にしてもらいましょう。家庭の朝はとってもあわただしい時間帯。なかなか落ち着いて準備ができません。

準備に合わせて，連絡帳やおたよりを出したり，えんぴつを削るなどの筆

箱の中の確認をしたりします。結果的に整理・整頓ができるようになります。

　子どもが「自分でできる！」と言うようになったら，自分でやらせて後でお家の方にこっそり確認してもらってもいいですね。学校での準備の様子は，きっとお家での次の日の準備の様子と似ているはずです。個人面談などの話題にもなります。

行動範囲の広がりに気を付ける

　小学校に入学すると交友関係が一気に広がります。特に今までお家の人の送り迎えだったのが子どもだけで帰ることになります。また，小学校の生活に慣れたころには，家に帰った後，友だちと遊ぶために外へ出かけることも増えてきます。低学年では，特に交通事故に気を付けさせます。公益財団法人「交通事故総合分析センター」によると，歩行中の交通事故の死傷者は小学１年生が突出しています。原因は「飛び出し」が多く，時間帯は午後３時から夕方にかけて多くなります。月別では５～６月に増え，10月が最も多くなります。これらのデータを意識するだけで，具体的にどこを気を付けるのかが見えてきます。お家の人と一緒に学校まで歩いてみたり，近所の危ない所を確認してもらったりするだけで予防につながります。

　交通事故については，どんなに注意しても注意しすぎることはありません。私は「さようなら」のあいさつの後は必ず「気を付けて帰るんだよ～」と声をかけて教室から送り出しています。

ポイント

- やる気のある低学年のうちに家庭で学習する習慣をつける。
- 次の日の準備は自分でできるように。
- 交通事故には特に気を付けよう。

⑦　保護者への対応で意識して気を付けること

保護者は学校のことを知らない

　保護者は教師が思っているほど学校のことを分かっていません。「これくらい知っているだろう」「分かってくれているだろう」という教師の常識も，保護者に伝わっていないのが現実です。１年生の保護者，特にそれが長子である場合はほとんど分かっていません。分かっていたとしても保護者自身の小学校の思い出が基準になっているので，保護者が住んでいた地域と子どもが通う学校の地域が違えば約束事も変わっているはずです。ですから，当たり前だと思っていることでもこまめに情報発信していきます。１年生担任であれば学年だよりや学級だよりで今週行ったことや来週行うことについて定期的に伝えていきます。また，授業や行事などの指導でも，なぜこの指導をしているのか，その内容・意図についても伝えておきましょう。学習の準備も子どもに話すことと，保護者に伝えることの両面を意識しておきましょう。また，学級の様子を学級だよりなどで伝えるのは，できるだけ子どものいい面・プラスの出来事にとどめます。悪い面やマイナスの情報は，今の時代，保護者の不安を拡散し，助長する恐れがあります。学級の様子は低学年ほどこまめに伝えることが大切です。そしてこまめに伝えることが教師の誠実さを表すことにつながります。

連絡方法を使い分ける

　個人的に保護者に連絡やお願いをしなくてはいけない場合があります。大きく分けて電話で伝える場合や連絡帳を通して伝える場合の二通りあります。（近年メールという手段もありますが，学校からの一斉送信や個人的な内容に留めます。）子どもの健康・安全については直接連絡します。子どもの具合が悪くなったなど緊急の場合はすぐに電話連絡をします。保護者を呼ぶ必要がない場合でも，保健室に行って１時間でも休んでいたり，けがをして手

当をしたりした場合は電話で直接連絡をします。「その程度でわざわざ……」と思ってもらったとしても伝えておくことが大事です。一方,緊急性を要しない事案は連絡帳に一言書きます。保護者から連絡帳に「今日は迎えに行きます」「明日は病院に行ってから学校に行きます」など書いてある場合は「承知しました」と一言添えておきます。「いつもお世話になっています」と書かれていれば「こちらこそ……」と書くことが礼儀になりますし,信頼感が増します。万が一,クレームや要望が書かれていた場合は,学年主任や管理職と相談します。そして「後ほど直接お話しさせていただきます」と一言書き添えます。返事を文書で書いた場合,真意が伝わらない場合もあります。文字だけでは限界があるので誤解を招く場合があります。直接,電話かお会いして話をする方がよいでしょう。また,連絡は悪い時ばかりと考えがちです。いい時も電話や連絡帳で伝えてみましょう。時にはハガキで子どものいい所を伝えるというラブレター技もあります。

親を変えずに子どもを変える

　最近はいろんな保護者がいます。言葉は悪いですが自分の要求ばかりを言ったり批判ばかりしたりする方がいるのも事実です。でも,子どもをよくしようとする思いは同じです。保護者の思いは受け止めつつ,教師として大切な指導は続けていきます。保護者の要望に100%応えようとすると無理が生じます。私の先輩で「教師が保護者の顔を見ながら指導し始めたら,教師として堕落の一歩が始まる」と厳しい口調で答えてくださった方がいました。保護者が変わる場合は,目の前の子どもがよくなった場合です。ぜひ,子どもをよりよくするために教師自身が心身ともに元気で指導にあたりましょう。

ポイント
- こまめに情報を伝えよう。
- 電話か連絡帳かは内容に応じて考える。
- 保護者への信頼獲得は子どもの成長が第一。

Part2　1年生の指導場面―困った時の解決策と予防のポイント

1　幼稚園や保育園による経験の差がある

> 幼稚園や保育園からやってくる子どもの生活経験や語彙，行動などの差が大きいです。一人一人の差が大きくて指導が大変です。

これで解決！

- 違っているのが当たり前と考える
- 学校では1つ1つ教えていく
- そろえることを意識する

1　まずは教師が幼稚園・保育園を知る

　幼稚園・保育園それぞれの特色があります。幼稚園は文部科学省の管轄で幼稚園教育要領に則る幼児を教育する場所です。それに対し，保育園は，厚生労働省の管轄で乳幼児の保育機関です。保育園は，教育機関ではないので，教育については温度差があるのが実情です。そうした状況の中で，複数の場所から入学する子どもに違いがあるのは当然です。小学校入学前の子どもたちの現実を知っておくと指導も気持ちも楽になります。

2　義務教育のスタートは小学校と考える

　子どもたちに「学校は何をしに来る所？」と聞くと，みんな「勉強をしに

来る所！」と答えます。「どんな勉強？」と問いかけると国語や算数といった教科の学習を答えます。でも，給食や休み時間の友だちの関わりだって大切な勉強であることを教えます。教師も勉強を教えるために仕事をしているのです。ですから，経験の差があることは当たり前のこととして，小学校で身につけるべきことをきちんと教えていくのが教師の仕事と考えましょう。もちろん教え方の工夫は必要です。

3 まずは共通のものをみんなでつくっていく

経験の差があるのは当たり前として，学校生活の基準はきちんと指導しなくてはいけません。ここでのキーワードは「そろえる」です。昇降口で自分のくつをそろえる。ロッカーをそろえる。見える部分をそろえることによって学校生活はみんなと同じことをする部分もあるんだということを教えます。自分の持ち物から始めて，その後，姿勢をそろえる，鉛筆の持ち方をそろえる，教室を移動する時にみんなで列をそろえる，といったことに発展させます。

予防のポイント

1年生との会話は1対1が基本です。一人一人の差が大きいというのは，学級全体の集団を見て指導しようとするからです。特に入学後の1年生はまだ学校生活に慣れていません。

1つ1つの指導を，その子一人に対して行うイメージで対応していきましょう。1対1を30人にしようと思うと大変かもしれませんが，学級全体に指示を出して分かる子どもが半数はいるものです。全体に指示を出しつつ，本当に1対1の手立てが必要な子どもに確認をしていけば次第に子どもの差も埋まっていきます。

2 朝，なかなか学校に行きたがらない

「朝，なかなか学校に行きたがらない」という連絡がありました。学校に来れば友だちと仲良く楽しく活動しているのですが。

これで解決！

- お家の人に途中まで一緒に来てもらう
- 教師が迎えてあげる
- 時期によって違った対応を考える

1　子どもたちはまだまだ甘えたい

　学校に行きにくい理由が，いまだ幼稚園・保育園の生活から学校生活に馴染んでいないころにおきやすいです。朝，近所の子どもたちと集団下校する場合は，お家の人と一緒に出掛けてもらったり，大きな道路まで一緒に歩いてもらったりするようにお願いします。幼稚園・保育園では，お家の人に送り迎えをしてもらっていたのです。なかなか一人で行くのが心細い子どもがいるのも当然です。学校に行けば楽しい生活が待っている！と思わせることも大切です。

2　教室や昇降口で出迎える

朝，学校に来た時に教師の顔が見えると安心するものです。新学期始まった当初は子どもたちが学校に登校する前に教室にいるようにしましょう。教室に入ってきた子どもに「おはよう！」と先生から声をかけるだけでその日1日が安心できます。また，学校に行きにくい子どもが現れた場合は，昇降口でその子どもを迎えてあげます。ちょっとでも早く教師の顔を見せて安心させることによって，学校へ行く不安を取り除きます。

3　時期によって見極める

　4月から5月の場合と1学期後半以降では原因が変わってきます。入学後すぐの場合は新しい学校生活への不安ととまどいが大きな理由です。しかし，1学期の後半になってくると違う原因が考えられます。学校内では，友だち関係や学習についての不安，また特別な支援が必要な場合も考えられます。家庭では「夜遅くまでテレビを見ている」といった生活リズムの問題も考えられます。個別に話を聞いてみたり観察してみたりして，状況を見極めてみましょう。

予防のポイント

　1年生の学校に行きたくない理由は大人では考えられないようなことがあります。例えば「給食できらいなものが出て来るから」「学校のトイレが和式なので使いにくい」「午後ねむたいけどお昼寝がない」などです。
　一見「えっそんなこと？」と思うようなことでも，学校が初めての1年生にとっては学校に行きたくない理由になってしまいます。じっくり子どもの声に耳を傾けてみましょう。解決へのヒントが隠されています。

3 先生にくっついてくる

休み時間，いつも先生の周りにくっついてくる子どもがいます。友だち同士でもっと関わってくれるといいのですが。

これで解決！

- 「どんどんおいで！」と抱きしめる
- 他の子どもも一緒に周りに集めさせる
- 用事があることを伝え，一時的に離す

1 くっつかせてあげる

子どもをよそにやろうと考えずに，どんどん教師の所にくっつけてあげましょう。1年生にとって，学校で頼ることができるのは教師だけ。それも担任の教師です。子どもによっては親代わりになっているのです。くっつきたいという愛情バケツが満たされると満足してきっと離れていくはずです。どんどんおいで！と，こちらから抱きしめてあげるくらいでもいいでしょう。

2 教師を中心に子ども関係を築く

友だち関係がつくりにくい子どもの場合，教師が意図的に他の子どもも呼び込んで教師の周りに集めます。いろんな子どものお話を聞くことで，話題

をふっていきます。特に同じような性格の子どもを近くに呼ぶ（紹介する）と，仲良く話をするようになっていくことがあります。

3 理由をきちんと話し，一人にさせる

　子どもと一緒にいたくても，次の授業準備や臨時の会議などで教室を離れなくてはいけないことがあります。その子どもに「ごめんね。今から会議があるからね」ときちんと理由を話して教室から離れます。不安そうな場合は「次の時間までには帰ってくるからね」「5分だけ（時計の針が○○の所まで）待っていてね」などと伝えておきます。教師にも事情があることを伝えます。教師は親とは違う立場であることも教えなくてはいけません。

予防のポイント

　教師から子どもを離そうとしないことです。まずはしっかりとくっついてくる子どもを受け止めます。充電器の充電が満タンになるのを待つように時期が来れば離れていきます。日によっても子どもの来る・来ないがある時もありますので，どんな時にくっついてくるかを分析することで何らかの不安感があるのかどうかを見極めることができます。

4 ひらがなや数字が読めない

入学したのに,ひらがなや数字が読めません。自分の名前も書けません。
持ち物の名前が書けないので,落とし物があっても誰のか分からなくて困っています。

これで解決!

- 読めない・書けないのは当然と考える
- まずは自分の名前から触れさせる
- 生活の中で字と触れ合うようにする

1 ひらがなや数字の学習は小学校から

初めて1年生の担任をした教師が「なんで字が読めないの!」と驚いたのを見かけたことがあります。中には「幼稚園・保育園でなにをしていたの!」と愚痴を言う方もおられました。でも,これは見当違いです。ひらがな・数字は小学校の義務教育から教えることになっているのです。幼稚園は幼稚園教育要領を基に教育が行われますが,字の指導は入っていません。保育園は厚生労働省の管轄なので保護機関であって教育機関ではありません。幼稚園や保育園の方針によって字を教えている場合もありますが,原則は教わっていない状態で小学校に入学してくると考えましょう。

国語や算数の教科書を見てください。最初のページに字は書かれておらず,

絵だけでページが進んでいるはずです。

2　自分専用の名前プレートを作る

子どもにとって一番多く触れるひらがなは自分の名前です。子ども一人一人にひらがなで名前プレートのようなものを渡しておくとよいでしょう。プリントやテストにすぐ名前が書けるようにするのです。ラミネート加工して，縦や横のものを作っておきます。ふでばこに入るくらいのものにしておくといつでも自分の名前に触れることができますね。

- ラミネート加工しておく
- テストの名前を書く大きさと同じ

3　生活の中で字と触れ合う

ひらがなは国語，数字は算数で教えると考えるのではなく，学校生活の中でひらがなや数字に出あったらどんどん教えていきます。特に「読み」については「あっ！　ここに時計があるね。数字が書いてあるよ。1から始まっているね」「ひらがな見つけた！『といれ』だって。『い』はこの前勉強したね」などと，その時々で教師がひらがなや数字に意識を向けさせましょう。

予防のポイント

1年生の多くはひらがなや数字が書けなくてもある程度読める状態で入学してくるのが実際です。ただし，あえて字を学習させない方針の幼稚園や保育園があることも知っておかなくてはいけません。

あらかじめ入学説明会の時に，字については前頁で述べたように「学校で教える」ことが前提であることを伝えたうえで，「できれば自分のひらがなの名前だけでいいので，これが自分の持ち物だと分かるように字に触れておいてください」「持ち物が自分で分かると助かります」とお願いしておくとよいでしょう。

5 よく泣く・すぐ泣く

何かあるとよく泣いています。友だちにちょっと強い言葉で言われたり，授業中できないことがあったりすると泣いてしまいます。泣いてしまうとなかなか授業に集中できなくなってしまいます。

これで解決！

- 泣き止むまで静かに落ち着かせる
- 「泣いてもいいんだよ」と伝える
- 泣いた後を大事にする

1　しっかりクールダウンさせる

　1年生の子どもは心の状態を素直に表情に出します。その1つが「泣く」という表現です。泣くといっても，涙が出やすい子，大声で泣きだす子など様々です。泣いてしまった子どもに「泣かないの！」「泣いちゃダメ！」と言っても泣き止むわけではありません。むしろ，より涙が出てしまう場合がほとんどです。

　感情が高ぶっていれば，一人で落ち着ける場所で静かにさせ，心を落ち着かせましょう。落ち着いた後に「どうしたの？」「何があったの？」と問いかけます。泣いている状態で話を聞こうと思っても1年生は声になりません。一度しっかりクールダウンさせましょう。

2 「泣いてもいい」という安心感を与える

「泣きたい時は泣いていいんだよ」と泣くことを止めません。泣いても大丈夫だという安心感を与えます。「泣いちゃダメ！」と言うと涙が出続けますが，「悲しかったのか～，うんうん。そんな時は泣いてもいいんだよ」と言うと，不思議と涙が止まってきます。１年生が泣くのは当たり前。泣いてもいいことを伝えましょう。

3 泣いた結果よりも，その後の指導を大切にする

泣くに至った経緯にはいろんな理由があるはずです。例えば，自分が悪いことで注意されて泣いている場合は，泣いたことよりも，その次にどうするのかを見据えます。「泣き止んだ後，君がどうするかが大事だからね」「泣いて終わりじゃないんだよ。泣いた後，君の悪さが涙とともに流れていって，よりよくなることを期待しているからね」などと伝えます。間違っても「泣いたから許してやろう」と思わないことです。

予防のポイント

低学年ではよく泣く子どもも，学年が上がるにつれ泣かなくなるのが普通です。今しか泣けないものです。無理やり泣かさない必要はありません。大人になったら泣きたくても泣けないことも多いのですから。

それよりも，泣いている子どもを冷やかす子どもがいないようにしなくてはいけません。よく泣いている子どもの周りを他の子どもたちがたくさん取り囲んでいる姿があります。悲しさを励ましてくれる子どもがいるのはいいことですが，関係のない子どもが集まることはやめさせましょう。単なる野次馬です。

6 給食までにお腹がすく

3時間目が過ぎたころになると「お腹がすいた〜」「先生,給食まだ〜?」と言ってくる子どもがいます。4時間目が終わるまでもたないようです。

これで解決!

- 学校のリズムができれば慣れてくる
- 朝ごはんをどれだけ食べているかを確認する
- 「これで給食がいっぱい食べられるね」などと声がけする

1 学校の生活リズムに徐々に慣れさせる

　幼稚園・保育園での弁当・給食は12時には食べ始めています。それに対し学校で給食を食べるのは12時30分ごろでしょうか。最初のうちはお腹がすくのは仕方がないことです。学校のリズムに慣れてくれば「お腹がすいた」「まだ〜」から「あと少しで給食だ!」という言葉に変わってくるはずです。入学後は早めに(4時間目の最中から)給食の指導・準備を始め,4時間目が終わると同時に食べ始めることができる時間にします。大型連休を過ぎた後を目安に通常の給食の時間で準備ができるよう指導していきます。

2 朝ごはんチェックをする

　お腹がすく子どもには「朝ごはん食べてきた？」と聞いてみましょう。朝ごはんの量が足りないのかもしれません。低学年は午後よりも午前中の授業が多いので，お家の人に朝ごはんをしっかり食べさてもらうように協力の呼びかけをしましょう。また朝ごはんを食べているかどうかチェックしてみましょう。すると朝ごはんを食べていない子どももいることが分かります。合わせて朝ごはんの大切さもお伝えしましょう。

3 待てば待つほど給食がおいしくなる

　しきりと「お腹がすいた～」と言ってくる子どもがいます。そんな時には「そうだね。さっきいっぱい運動したからだね」「待てば待つほど給食がおいしいよ」「あとでいっぱい食べてね」と一言言って終わりにします。子どもは別に「早く食べたい！」と本気で要望しているわけではありません。先生とのコミュニケーションの１つだと思って軽く受け流してあげましょう。

予防のポイント

　勉強するとお腹がすきます。そのことを伝えておきます。お腹がすくのは運動した時ばかりではありません。国語や算数の勉強で一生懸命勉強した後は頭をいっぱい使うのでお腹がすくのです。そんな話をしておきます。「今日はいっぱい勉強したからお腹がすいたね」「お腹がすくほど勉強しようね」と教師の側からお腹がすくことを利用して言うこともできます。

7 給食が食べられない

給食をいつも残してしまう子どもがいます。好き嫌いもあります。食べるのも遅いので片付けにも時間がかかってしまいます。

これで解決！

- 無理に食べさせない
- 量を自分で調節させる
- 食べ終える時間はきちんと区切る

1　食べられない理由は様々である

　給食は様々な料理が出てきます。家庭では出てこなかった料理も出てきます。子どもによってはアレルギーがあって食べられない食材もあります。1年生には体格差が大きく小柄な子どももいます。子どもに無理やり給食を食べさせることは避けましょう。その日の体調によって，いつもなら食べているものが食べられないこともあります。食べられないものがあっても仕方がありません。食べられるものをしっかり食べさせましょう。

2　減らす量は自分で決める

　給食費は全員同じ値段を払っているので全員同じ量を配膳するのが原則で

す。しかし，あらかじめ残すことが分かっているのであれば，食べる前に自分で「減らしてください」と言わせます。余った給食は食べることができる人たちで分ければいいのです。時間内に食べられる量を自分で考えることも大事な勉強です。

3 いつまでも食べ続けさせない

　給食の終わりの時間ははっきり区切りをつけましょう。例えば「給食が終わる時間から5分だけ待ちます」と，時計を見ながら「針がここまで来たら，どんなに給食が食べたくても終わりですからね」と伝えておきます。だらだらとおしゃべりしながら遅くなっている子どもを予防します。また，好きな食べ物をおかわりする子どもには「おかわりしてもいいけれど時間までに食べ終えてね」と念を押します。この言葉は他の子どもも聞いていますので「時間内に食べ終わろう」という雰囲気が学級にできます。大好きな食べ物やデザートが残っていても時間になったら「終わりだよ～片付けてね！」と給食の片付けを始めさせましょう。

予防のポイント

　あらかじめ給食は苦手なものや食べられないものがあった場合，減らしてもいいことを伝えておきます。給食の時間はとてもデリケートなものです。1年生は給食のメニューに苦手なものが書いてあるだけで学校に行きたくなくなるのです。そんな私も苦手なものがあります。「納豆」です。私がこっそり納豆を減らしている姿を見た子どもたちは，鬼の首をとったかのような大喜びです。この時ばかりは子どもが「ダメだよ！　好き嫌いは」「残さず食べなくちゃ！」と言います。「だったら君たちもだよ！」と言い返すと「いや，それはダメ！」となります。教師にも苦手なものがあることを見せるのも子どもたちの安心感につながります。

8 午後，ねむくなる

午後の授業中，うとうととねむりそうになる子どもがいます。
「おきて」「授業中だよ」と言っても，またすぐにうとうとしてしまいます。
午後は，なかなか授業に集中できません。

これで解決！

- 活動ある授業の展開にする
- ちょっと背伸びと深呼吸をする
- 睡眠時間は足りているかを確認する

1 動きのある授業にする

　午前中しっかり勉強した給食後，昼休みもしっかり動いた後の２時から３時はねむたくなる時間帯です。ましてや保育園ではお昼寝の時間がありました。１学期にねむくなるのは仕方がありません。そんな時に，授業が聞く活動や単調な作業であればますますねむくなってしまいます。そこで，話したり書いたり，体を動かしたり手で操作したりするような活動を授業の中にこまめに入れていきます。授業も10分から15分の学習の組み合わせになるように工夫してみましょう。

2 臨機応変に気分転換させる

あまりにもあくびやうとうとすることがひどいようであれば，みんなでちょっと立ち上がって深呼吸をしてみましょう。体の中に酸素が入ればちょっとすっきりします。

また，陽気に誘われて教師もねむくなる日もあるはず。そんな時は，ちょっとした仮眠をとってみましょう。みんなで机に顔を伏せて5分程度。目をつむって静かに休みます。間違っても教師がねむりすぎないように……。

3 家庭生活を確認する

特定の子どもがいつもねむたくなってしまう場合，家庭生活に問題がある場合があります。夜遅くまで起きていて睡眠時間が確保できていない場合があります。特にテレビやゲームなどのメディア接触による睡眠の妨げが予想されます。本人やお家の方に家庭での生活の様子を確認してみましょう。生活リズムを整えてもらうことが大切です。

予防のポイント

午後はねむくなり，集中力が欠けやすくなることを想定して時間割りを作成します。午前中は国語や算数などの学習を入れ，午後には体育，音楽，図工，生活，学活などの活動の多い学習を入れます。学校内の特別教室の割り振りでどうしても国語や算数が午後になる場合は，図書館やパソコン教室など場所を変える工夫をします。

9 一人で遊んでばかりいる

休み時間,友だちと遊ばずに一人で遊んでばかりの子どもがいます。友だちが「遊ぼう」と言っても,一人で遊んでいます。
上手に関われないのではと不安です。

これで解決!

- 本人が楽しんでいればよしとする
- 学級全体で遊ぶ日をつくる
- 続くようなら自閉的傾向も視野に入れる

1　本人の好みをとらえる

　1年生の子どもで休み時間,楽しんでお絵かきや絵本を読んでいるのならさほどの心配はいりません。本人が友だちと遊びたいのに遊べないのであれば,周りの子どもの関わりを助けてあげましょう。子どもから話を聞き「お絵かきがしたいの」「絵本が読みたいの」と一人の時間が好きな様子であれば見守っていても大丈夫。授業の中で関わりある活動を入れておきましょう。

2　意図的な集団遊びの場をつくる

　一人で遊んでもいいのですが,小学校に入学してせっかく「学級」という集団があるのです。週に一度は係の子どもを中心に「みんなで遊ぶ日」のよ

うなものを考えてもよいでしょう。そもそもこのような子どもは幼稚園や保育園の時に集団で遊んだ経験が乏しいこともあります。意図的に友だちと関わる場をつくり触れ合う経験をさせます。集団での活動に目覚めるかもしれません。

3　特別な支援が必要かどうかを確認する

　もしも，一人で空想の時間に入っている時間が長かったり，1年生も終わりごろになっても言葉でのコミュニケーションが取りにくかったりする場合は特別支援教育も視野に入れます。あまり早い時期から決めつけるのはよくありませんが，気になる場合はお家での様子を聞いたり，特別支援コーディネーターと相談したりするとよいでしょう。

予防のポイント

　1年生は心身の発達に大きな差があります。4月生まれと3月生まれではほぼ1年の差があるのです。幼稚園の教師や保育園の保育士は，このことをよく分かっていて指導をされています。小学校の教師はどの学年も同じように子どもと対応しがちですが，1年生担任は，このことを知っておかなくてはいけません。子どもの生まれ月を意識しながら関わってみると個別の関わり方が見えてきます。

10 集中力が45分間もたない

> 子どもの集中力が45分間もちません。
> なかなかじっとしていられません。
> すぐに動いたり隣の子どもとおしゃべりを始めたりしてしまいます。

これで解決！

- 45分じっとしている方がめずらしいと考える
- 10分から15分のユニットを組む
- 活動を入れる

1 少しずつ学校生活に慣れさせる

　幼稚園・保育園は基本的に自由な活動です。時間割があるわけではありません。仮に生活の流れがあったとしても，厳密に時間を決めて行われているというよりも，子どもたちの動きを見て教師や保育士が必然性に沿って決めていきます。むしろ「なぜ，できないの！」「小学校ではこうするもの！」という態度で接すると，せっかくワクワクして入学している小学生のやる気を失わせてしまいます。
　少しずつ小学校の生活に慣れさせ，夏休みを目標に長期的に取り組みましょう。少なくとも2年生までにきちんと学習に取り組めていれば十分です。

2 45分を2～3の学習内容に分ける

　いきなり45分というのは，経験したことのない子どもたちにとってはかなりの長時間に感じるようです。ですからちょっとずつ長い時間の学習ができるようにします。具体的には授業を10分から15分で1つの学習内容になるようにします。それを3つ組み合わせた授業の展開を行います。最初は15分×3だったのを，20分＋20分や15分＋30分と徐々に伸ばしていきます。少しずつ落ち着いて学習に集中する時間を伸ばしていきます。

3 みんなが話す・動く作業をさせる

　教室の学習を座りっぱなし，聞きっぱなしではなく，子どもたちが動く活動を入れてみましょう。話し合いの授業なら，一度書く作業を取り入れます。そして全体の話し合いの前に隣の子どもと一度ペアで話をしてみます。算数も，必要に応じて算数セットなどの具体物を使わせます。子どもたちの様子を見ながら教師が臨機応変に対応していくことも大切です。

ちょっと隣の人と話してみようか。

算数セットを持ってきて下さい。数え棒を使いましょう。

予防のポイント

　集中力が続かないと言っても，楽しい活動であればずっと集中しているはずです。体育や音楽，図工などはけっこう集中していることが多いのではないでしょうか。集中力を続けさせる一番の方法は授業自体を楽しいものにすることです。その工夫をすることが困った場面の一番の予防になります。大人であってもずっと座って話を聞いているのはつらいものです。

11 一人でテスト（プリント）ができない

テストをしようと思っても，友だちの答えを見たり，友だちに話しかけたりする子どもがいます。
テストで正しく学力を測ることができません。

これで解決！

- テストの受け方を教える
- テストは１対１のつもりでやる
- テストをしなくても学力は分かる

1　テストとは何かから教える

「テストってなあに？」ここから１年生には話をしないといけません。「テストってね。今の自分の力を測るんだよ。身体測定は体重計に乗ったり背の高さを測ったりするでしょ。勉強も測ってみるんだよ」「だから一人で勉強が分かるかどうかを書くんだよ」「困ったことがあったら，静かに手を挙げてね。すぐにあなたの場所に行くからね」テストの受け方やテストとは何かについて教えるところから始めます。

2　テストの時期を見極める

テストは文字を通して問いに答えます。ですから字が読めないとテストは

できません。でも、1年生になってやっとひらがなを覚えた子どもたち。「この字なあに？」「何が書いてあるの？」という子どももいます。最初のころはテストも1対1で対応しないとできない子どももいます。テストをするだけの力が子どもについているかどうか、つまり「テストをいつからするのか」という見極めも必要になります。

3 授業中に学力は把握する

テストをしなくても、1年生の学力は授業の様子や個別の対応を通して分かるものです。特に国語と算数は授業中の子どもとの関わりの中で「知識・技能」は見えるものです。1年生では「テストをしないと成績がつけられない」という発想をやめ、「念のためテストで学力を確認する」という考え方にします。

予防のポイント

テストをする力の前段階として、一人で勉強できる力をつけさせます。私は「一人勉強」と言って、①一人で、②静かに、③立ち歩かずに、学習する力を1年生でも徐々につけさせていきます。教師が急用で授業開始に遅れた時や、具合の悪い子どもに付き添わなくてはならなくなった時など「一人勉強していて！」と声をかけて教室を出ます。

内容は、ひらがな・漢字の練習や計算練習、読書などです。最初は短時間で、教師がいる時に一人勉強の練習をします。

一人勉強ができるようになったら、テストもきちんとできるようになります。

1 休み時間のきまりや約束を守らない

休み時間,遊んでいい場所を守らなかったり,使ってはいけない道具を使ったりしています。勝手に自分たちできまりや約束を解釈し好き勝手にふるまい始めています。

これで解決！

- 「誰かが2年生を見ているよ」などと声がけをする
- 休み時間に「心の力」が現れる
- 禁止した後,練習させる

1　一人の行為・行動は2年生全体の行為・行動になる

「このくらい,まぁいっか」「ちょっとくらい大丈夫！」と2年生になると生活面で緩みが生じやすくなります。そんな姿を誰かが見ています。特に1年生が見ていると,それをまねしてしまいます。「赤ちゃんは近くの大人の姿をまねするんです。初めて入ってきた1年生は2年生のすることをまねするんです。君たちのまねを1年生がしてもいいんですか？」と問いかけます。また「君たちは分からないと思ってやっていても誰かが君たちの姿を見ています。『なぁんだ。2年生って約束も守れないのか』って思われてしまいますよ。いいんですか？」と問いかけます。一人一人のいけない姿ではなく,2年生全体が悪いイメージになってしまうことを伝えます。個の姿が全体の

姿にとらえられてしまうことを教えます。

2　教室を離れた時が「心の実力」

　教室での生活は教師の範疇にあります。やんちゃな子どもも好き勝手にはできません。しかし休み時間になり教室から出てしまえば，自由な時間になります。のびのびと自分の本来の姿が出せます。そんな時のきまりや約束を守らない姿は，その子ども本来のもつ実力なのです。ですから「休み時間の過ごし方が君たちの『心の実力』です」「いいことをすれば，それが君の心の実力。きまりや約束を守らなければ，それが自分の『心の実力』です。休み時間は思いっきり体を動かす時間ですが，心の実力を試す場でもありますよ」と話しておきます。きまりや約束が守れなくて注意された時は「残念！まだ心の実力は１年生だなぁ」などと諭してあげましょう。

3　みんなが楽しむことを妨げない

　休み時間にきまりや約束を守らないことが続けば，仕方がありませんが，該当の遊びを禁止させます。他の友だちに迷惑をかけてしまいますし，ひどい時は大けがをさせてしまうことがあります。学校は，個人の楽しみの時間と場所ではなく，みんなも同じように楽しむ時間と場所であることをきちんと指導します。遊びを再度許可する際は，お試し期間として上手に遊べるかどうか練習させます。合格したら「よし。これからは休み時間，自由に遊んでいいよ」と許します。

予防のポイント

　学校では「公」をきちんと学ばせます。「公」とは「みんなでくらす世の中の一人」ということです。私よりも「みんな」が優先の心です。たとえ休み時間であっても，お家で好き勝手に遊ぶのとはわけが違います。「君たちの心の中の『公』が勝つかな？『私』が勝つかな？」と移動教室や休み時間の前に言います。子どもたちの自制心や思いやりや協力などの心を刺激しておきます。

2 字が雑になる

2年生になって，だんだん字が雑になっていきます。
1年生の時はお手本に沿って丁寧に書けていたのに，時を追うごとに字が薄くなったり，字のバランスが悪くなっていきます。

これで解決！

- 雑になるのはわけがある
- 誰が読むのかを意識する
- 字の最後の「画」を意識する

1 頭と手のズレととらえる

1年生で丁寧に書けていたのに2年生で字が雑になるのはわけがあります。1年生は，手本を横におき「見る字」と「書く字」を1対1に対応させて写します。それが，ひらがなを覚えてしまうと，手本なしで書くことができるようになります。頭に浮かんだ言葉をそのまま字に表そうとします。頭の中に浮かんだ言葉をそのまま書こうとすれば早く書かなくてはいけません。自然と字は汚くなってしまいます。頭の回転が速い子どもほど，この傾向があります。しかも急いで書いても（なんとか）読めるし，書けている（つもり），ということになります。悪気があって意図的に雑にしているわけではないのです。

2　相手意識をもたせる

　字が汚くても，自分の字が自分で読むだけであれば別にいいのです。でも，低学年の子どもが字を書く場合，誰かに書いて伝えるためがほとんどです。連絡帳やテストなど，書いた字を誰が読むのかを意識させます。「お家の人がびっくりするくらいの字で書いてね」「先生が字に花丸をつけたくなるような字を書いてね」などと話します。

3　必要に応じて書き直す

　雑な字の特徴は早く書いてしまうからです。1つの文字を書いた後にすぐ次の文字に移ってしまうのです。当然，文字の最後の「画」が一番雑になります。ですから必要に応じて「止め」「はね」「払い」などの部分に集中して丁寧に書き直させます。算数の時間だと，数字は最後の「画」がすべて「止め」で終わります。この最後の部分を意識して書き直させます。最後を丁寧にすると，文章全体が丁寧な印象を受けます。

予防のポイント

低学年に限らず，ひらがなの書写の宿題を出すことがあります。
　ひらがなのお手本を配り，「あいうえお」をノートに書くだけです。翌日，全てお手本通り書いていれば，次の行がその日の宿題となります。お手本通りでなければ，もう一度同じ行です。最後の「ん」まで続けます。宿題としてお家で丁寧に字を書く取り組みを続けました。
　また，短い視写を宿題にし，字のバランスや濃さを見て，練習させました。
　2年生は字が雑になりやすくなります。個別に，短い時間でしつこく取り組んでいきましょう。

3　1年生と上手に関われない

　2年生の生活科などで1年生と一緒に活動することがあります。1年生に学校内を案内したり，一緒に校外に出かけたりします。そんな時なかなか上手に関われない子どもがいます。1年生のお世話ができず，自分のことで精一杯です。

これで解決！

- 他の子どもの関わりを見ながら学ぶ
- 本人も成長段階として見守る
- ペアの活動を仕組む

1　活動をしていく中で上手になる

　2年生と言っても，ついこの前までは1年生。弟や妹がいる子どもであれば1年生と上手に関わることもできます。しかし，そうでなければ下の学年の子どもと意識的に教えたり手伝ったりすることは初めてのことです。たくさん1年生と関わる活動をしていく中でできるようになっていきます。教えてできるようになるわけではありません。上手に関わっている子どもの姿を教師が広めたり，子ども自身が見てまねたりすることで上手に関われるようになっていきます。

2 活動をともにすることで成長する

　2年生の子どもも成長の度合いは様々。2年生にも1年生と同じように世話が必要な子どももいます。いきなり全員が上手に関われるわけではありません。とはいえ1年生と同じようにされるのも嫌なはず。1年生と一緒に活動をするだけで，負けてられないぞというプライドが出て来るはず。あわてず見守っていきましょう。

3 たくさんの子どもとペア学習をさせる

　全く1年生と関わりがもてないようであれば，意図的にペアをつくります。「二人組で一緒に活動しましょう」「二人組で秋をたくさん探してみましょう。3つ見つけたら帰っておいで」などと意図的なペア学習を行います。意図的なペア活動は頻繁にペアを変えてあげます。関わりが上手な子どももいれば，苦手な子どももいます。1年生にも2年生に上手に甘えることができる子どももいれば，やんちゃで2年生を困らせるくらいの子どももいます。上手に話ができなくても，上手にリードすることができなくても大丈夫です。失敗からもたくさん学びます。いろんな1年生と関わる中で2年生も人間関係を学んでいくのです。

予防のポイント

　1年生の後半や2年生の最初に次の絵本を使った道徳の授業をします。『おおきくなるっていうことは』童心社（中川ひろたか・文／村上康成・絵1999年）です。おおきくなるっていうことは，いろんなことができるようになるということが見開き1ページに書かれています。絵本の後半になると，自分ができるようになることに加えて，自分よりも小さな人が増え，優しくなれるということが書かれています。授業の終末に「どんなことができるようになりたい？」と自分に振り返らせることで，1年生とどのように関わっていくのかを考えさせます。

4 1年生を子分のように扱う

> 1年生をあたかも自分の子分のように命令しています。1年生に「ボールを持ってこい！」などと言って，自分のすることをさせています。

これで解決！

- 「君は王様ではない！」と厳しく言う
- 「同じことを私や3年生にしてもらおうかな」などと言う
- 上級生がえらいわけではないと意識させる

1　自分のことは自分でさせる

　1年生を子分のように命令した場面を見かけたら「なんか嫌な感じだな」と指摘します。あまりにひどい場合は「君は王様ではありません。自分のことは自分でしましょう」「1年生は君の召使いではありません」と厳しく言い放ちます。放っておくと，周りの友だちも同じように1年生を扱うようになりますし，1年生も次，2年生になった時に同じように1年生に対して対応してしまいます。

2　同じ言葉で命令する

　ひどい場合には，1年生に言ったことと同じ言葉をその子どもに言います。

「こうき君。ボールを持ってこい！」と言われると嫌な気持ちになるはずです。同じ言葉で命令されるとどんな気持ちになるのかを感じ取らせます。そして1年生だからといって下に見るものではないということを話します。

3　2年生はあくまで学校2年目である

2年生だからとってえらいわけではありません。「2年生は学校で2年目という意味です。1年生よりも上級生かもしれません。漢字や算数では1年生に勝てるかもしれません。でも，心の中身は1年生に負けている人がいるかもしれませんよ」と話します。心の中身，つまり行為・行動の面でも上級生にふさわしい姿になれるようにしていきましょう。

予防のポイント

2年生になったとたん，えらくなった気分になる子どももいます。えらいわけではないことを話しておきます。「最高学年という言葉を知っていますか？　普通なら最高学年は6年生です。でも6年生は最上級生であって，最高の学年とは限りません。この学校の最高の学年になるチャンスは2年生にもあるのです。ただし毎年さすがが6年生です。最高学年の座は明け渡してくれません。だけど，2年生が絶対に負けられない学年があります。何年生でしょうか。そうです。1年生です。1年生には負けられません。勉強も学校での生活も。もちろん家に帰った後の生活も。少なくともさすが2年生。1年生とは違うなぁと言われるような学年になりたいですね」などと話しておきます。

5 上級生とのトラブルが多い

　休み時間などに遊んでいるとトラブルになることが多いようです。体育館や校庭での遊び方や，廊下を歩いていてじゃまをしたりされたりといったようなことです。上級生からも生意気な低学年に見られてしまっているようで，トラブルが絶えません。

これで解決！

- 上級生の言うことは聞くように指導する
- 「困ったら教えてね」と伝える
- 上級生をほめて比べさせる

1　上下関係がある

　2年生になると身体も大きくなり，学校での過ごし方にも慣れ，3年生や4年生とも同じ遊びができるようになります。2年生にとっては，3年生や4年生も自分たちと対等な関係のように思えてきます。しかし世の中には上下関係（いわゆる縦の関係）があることを教えていきます。小学校では生まれた年月によって学年があります。そこで「君たちは2年生。彼らは3年生。まずは上級生の言うことをきちんと聞きましょう」と話します。だんだん生意気になりがちではありますが，3〜6年生の言うことはきちんと聞くものだという原則を押さえておきます。

2 上級生に問題がある場合

　上下関係があると言っても上級生にトラブルの原因がある場合もあります。そんな時は「困ったら先生に教えてね。3年生の先生に伝えてあげるから」と話します。自分たちで解決しようとすることは大切ですが，2年生に言われることが上級生には気に入らない場合もあります。教師が間に入ってあげることで2年生のわだかまりを解消してあげます。

3 2年生に問題がある場合

　2年生が好き勝手に遊んでいて上級生に注意されている場合，その場面をきちんと確認して指導します。そのうえで「3年生に教えてもらってありがたかったね」「さすが4年生。君たちのことを見てくれているよ」と上級生への感謝を語り，「君たちも同じことをしていたら注意できる上級生になるといいね」と話します。模範となる上級生の姿と今の2年生の姿を比べさせましょう。

予防のポイント

　学校は1年生から6年生まで生まれた年月によって分けられています。たとえ1日の差であったとしても4月1日と2日では学年が上下に分かれてしまいます。学年による上下の差はきちんとわきまえさせます。最近の中学・高校・大学では先輩後輩の別をなくしていこうとする動きもありますが，世の中に出れば上下の差は存在します。

　大原則として「先生の言うことは聞くんですよ」「お家の人の言うことはもっとしっかり聞くんですよ」「上級生の言うことは聞くんですよ」という縦の関係を意識させておくことが学校生活を安定させることにつながります。

6 急に幼くなる

1年生の時と比べ，赤ちゃん言葉になったり，できたはずのことを「できなーい」と言ったりします。甘えた感じになり1年生や幼稚園・保育園のころに戻ったようになってしまいました。

これで解決！

- 「どうしたの？」と受け止める
- 二人だけの時間をつくる
- 誰に対して幼くなるのかを見極める

1 言葉を引き出す

急に幼くなった子どもには「どうしたのかな？」「何かあったかな？」とこちらから丁寧な言葉で子どもの話を引き出します。その中から子どもの不安やさびしさなどを受け止めていきます。教師も子どもと同じような幼い子ども言葉で接すると子どもの方が心を開いてきたり，2年生相当の言葉で返してきたりします。

2 コミュニケーションを増やす

教師からどんどん声をかけていきましょう。意図的なコミュニケーションを図ります。なかなか話しかけても返してくれない子どももいるかもしれま

せん。それでも教師の側からの頻繁な声かけが子どもの安心感を生んでいきます。

時には二人だけの時間をつくって話すことも有効です。幼くなってしまうのは幼いころに戻りたい思いがあります。幼稚園や保育園，１年生は１対１で対応してくれていたという思いをもう一度，満たしてあげましょう。

3　幼い行為・行動の相手や場を見極める

２年生の子どもが幼くなるといっても，いつでもどこでもというわけではないはずです。お家の人と関わっている時に幼くなるのか，教師と関わっている時に幼くなるのか。友だちと遊んでいる時はどうなのか。学校では幼くったけれど，お家ではどうなのか，などを観察してみます。幼くなった対象によって子どもが何を心の中で求めているのかが違います。もしも教師の前で幼くなっているようであれば，叱ったり行動を改めさせたりするのではなく，１年生と同じような関わりで対応し，その子どもの心の満足感を満たしてあげます。しっかり満たされたらまたすぐに普通の２年生に戻ってくるはずです。

予防のポイント

２年生になって「お兄さん・お姉さんになったから頑張ろうね」と私たちは成長を期待して声をかけます。むしろ声をかけて成長させなくてはいけません。しかし，その声に対して不安やプレッシャーを感じたり，１年生のころの楽しい生活から別れる寂しさを感じたりする子どもがいることも事実です。

２年生の学級・学年全体に期待と要求をしつつも，一人一人の発達段階の差を考えながらフォローすることも必要です。

Part4 学校生活の指導場面―困った時の解決策と予防のポイント

1 よくトイレに行く

授業が始まっても、途中で「先生、トイレに行きたいです」と頻繁に言いに来ます。一人が行くと「ぼくも」「私も」とぞろぞろと教室から出て行ってしまいます。

これで解決！

- どんどん行かせる
- あらかじめトイレの時間を設ける
- 授業中は一人ずつ行かせる

1 まずは「行ってもよい」という安心感を持たせる

トイレは生理的な現象です。「行っちゃダメ！」とは言えません。気にせずどんどん行かせましょう。「どうぞどうぞ。行っておいで」といつも言っていると、子どもの方がだんだん気にして我慢できそうな場合は行かなくなります。急に具合が悪くなる場合もありますので、遠慮なく声が出せる学級にしておく方が大切です。

2 教師から先に声をかける

トイレは休み時間にきちんとトイレに行かなかったことで、授業中にトイレに行きたくなる場合がほとんどです。特に2時間目と3時間目の間の業間

に遊びに夢中になってトイレに行くのを忘れ，3・4時間目に行きたくなることが多いです。そこで2時間目が終わった後に「遊ぶ前にトイレに行っておいで」や，業間の終わりごろに「もうすぐ授業が始まるからトイレに行きたい人は行っておいで」と声をかけておきます。

3 連れ立っては行かせない

授業中に一人がトイレに行くと「ぼくも」「私も」と連れ立ってトイレに行ってしまうことがあります。こうなると授業に支障をきたします。トイレに行きたいのは仕方がないとしても，よほどのことがない限り，一人ずつ行かせましょう。「今トイレに行った〇〇君が教室に帰ってきたら行っていいよ。それまで我慢できる？」と話します。「あと10分で授業が終わるけれど，それまで待てるかな？」などと声をかけ我慢できる時間の見通しをもたせます。

念のため，トイレに行かせないことは体罰の1つになりますので，無理やり我慢させることのないようにしましょう。

予防のポイント

おしっこをためておく子どもの膀胱の量は一人ずつ違います。我慢できる許容量も一人ずつ違うのです。ですから，よくトイレに行く子どもは膀胱におしっこをためる量が少ないんだなと考えておけばよいでしょう。

また，トイレによく行く子どもの特徴として，精神的な不安からくることもあります。学校の様子や家庭の様子など個別に話を聞いてみるとよいでしょう。

2 おしっこを失敗する

> おしっこを我慢できずもらしてしまう子どもがいます。
> 冷やかしの対象になるんじゃないかと心配しています。

これで解決！

- 「大丈夫，大丈夫」と安心させる
- 行きたい時は遠慮せずに行かせる
- 「行きたい時」ではなく，「行ける時」を意識させる

1　安心させる

　おしっこをもらしたことについてとがめません。むしろ「大丈夫，大丈夫」と言って安心させ，淡々と対応しましょう。変に大げさに対応したり，心配したりする方がかえって子どもに動揺を与えます。まずは着替えること。そしておしっこの始末をし，お家の方へ一言連絡しておきます。その後の学校生活でもできるだけ触れないようにします。

2　対処の仕方を教える

　万が一，漏らしてしまった場合の対処の仕方を教えておきます。おしっこが間に合わなくてもらしたら，すぐに教師の所に教えてくれるように伝えま

す。近くに仲の良い友だちがいれば，教師を呼んできてもらうようにさせます。場所は，人の少ない場所で待っていましょう。自分で保健室に行くことが一番いいのですが，移動場面にいろんな子どもと出あう可能性もあります。保健室には，必ずパンツやズボンの替えが準備してあります。子どもたちは案外，知りません。万が一もらしても大丈夫であることを教え，安心させておきましょう。

3　トイレの時間を確保する

　学校生活に慣れたころや２年生であれば，行ける時にトイレに行く習慣を身につけさせます。生活科などで校外へ出かけることもあるからです。「今から必ずトイレに行っておいで」と言っても「でないよ！」「さっき行った！」という子どももいます。それでも「でなくても，さっき行っていてもいいからもう一度行っておいで」と念を押します。おしっこをしたい時ではなく，トイレに行ける時間に行っておくという考え方が大切なのだということを教えます。

予防のポイント

　男子に多いのですが，個室に入ることを冷やかす子どもがいます。こうした子どもがいると，トイレに行きたい時に行けなくて失敗してしまう子どもが増えます。ちょっとでもトイレのことで冷やかすような子どもの言動を見かけたら厳しく注意しましょう。

3 よく言いつけに来る

友だちがいけないことをしていたり，騒いでいたりすると，すぐに「○○君がいけません！」「○○さんと□□さんがこんなことをしていました！」と言いつけに来ます。いつも言いつけに来るので困っています。自分たちで解決してくれたらいいのに。

これで解決！

- 「教えてくれてありがとう」と受け止める
- 「それで，どうしよう」と問い返す
- みんなで解決する

1 受け止める

　低学年の学級に一人は正義感の強い子どもがいます。ちょっとでもいけないことがあると許せません。そのことを伝えてくれるのは，悪いことではありません。「教えてくれてありがとう」と受け止めます。この一言でいいのです。「いけないよね」「うん。そうだね」と同じ言葉を返してあげます。

2 正義感の誇示か注意してほしいのか

　言いつけに来たらスッキリしてすぐにどこかへ遊びに行ってしまいます。一方「先生，何とかしてよ」と心の中に溜めたまま，何か言いたげに待っている子どももいます。そこで「それで，どうしようか」と問い返します。た

だ教師に言いたかっただけなのか，教師に注意してほしいのか，この後どうしたいのかを考えさせます。子どもの力関係でどうしても注意したいけれどできないような人間関係の場合は教師が出て行って指導します。そうでなければ単なる正義感の誇示になります。「分かったよ。ありがとう」と受け止めておきます。

3 解決方法を探る

「他にも困っている友だちがいる？」と問いかけます。複数集まれば「どうしたらいいかな？」「何かいい方法はないかな？」とみんなで考えます。一人の告げ口からみんなの問題へ広げます。一人で言いつけに来るよりも，みんなで解決する方が大切だという価値観を与えます。

予防のポイント

言いつけに来た内容をきちんと聞き分けます。命に関わることや大けがにつながること，いじめに関することであれば即座に対応します。

一方「ろうかを走った」とか，「給食中に○○君がうるさい」といったことは「うんうん」とのんびり構えて対応します。教師のメリハリのある対応によって子どもは問題の重大さを感じ取ります。

言いつけに来る内容も変わってきます。

4 給食を食べる時の姿勢が悪い

給食中の姿勢がとても悪くて困っています。
食べ方も口の中にものを入れたままおしゃべりをしたり，ひじをついてごはんを食べたりしています。

これで解決！

- 給食はレストランと同じと教える
- 「いただきます」「ごちそうさま」という言葉を考える
- 最低限のマナーは教える

1　レストランでも同じことをするかを問う

　給食を食べる場は教室であっても，レストランで食べるように振る舞うようにします。「給食といっても，みんなで食べる場所はレストランと一緒です。みなさんはお家の人と一緒にレストランに行った時に同じようにしていますか？」と問いかけます。すると大きな声でゲップをするのも立ち歩いたりするのもレストランではしないことに気付きます。「給食はレストランと一緒ですよ」という場の設定で指導していきます。

2　「いただきます」「ごちそうさま」の意味を考えさせる

　給食で何気なく言っている言葉の意味を考えさせます。「いただきます」

とは，何をいただくのでしょうか。食べ物はすべて生命が宿り，その尊い命をいただいているという意味です。「ごちそう」とは「御馳走」と書き，心をつくして客をもてなし奔走する様子です。「ごちそうさま」は，もてなしを受け，その料理を作ってくれた人，食材を育ててくれた人への感謝の言葉です。給食は学校生活の中でも特に多くの方のお世話になっている場面です。その言葉にふさわしい食べ方になっているかどうか，考えさせましょう。

3　やってはいけない給食のマナーを確認する

給食中のマナーはどこに行っても一緒です。みんなで確認しておきましょう。

予防のポイント

給食の時間は「おいしく食べる」ことを大切にします。「おいしく」とは，料理そのものもですが，教室の雰囲気も大切です。友だちとお話をすることも大事な雰囲気づくりに役立ちます。お話もどのくらいの大きさで，どんな話題なら許されるのかを考えて給食の時間を過ごしましょう。教師がマナーや指導に熱心で，一言もしゃべらずシーンとした中でもくもくと給食を食べている姿はちょっと異様に見えます。家庭によっては一人で食事をする子どももいることでしょう。給食の時間は笑顔でおいしく食べたいものですね。

5 同じことを何度も聞いてくる

> 授業中，学級みんなに指示した後や連絡事項を伝えた後に「先生，もう１回言ってください！」と言ってきます。また別の機会には，さっき話したことと同じことを質問してくることもあります。
> 一度でちゃんと聞いてくれたらいいのにと思っています。

これで解決！

- 「あなたに話しているんですよ」というつもりで話す
- 「もう１回，言ってごらん」と復唱させる
- 自分で調べさせる

1　一人一人の目を合わせる

　低学年は「わたし」と教師の関係で成り立っています。全体に話しても，「わたし」に話しかけられていると感じていなければ，もう一度「わたしに教えて」ということになります。一人一人の目を見て，視線が合うように「あなたに言っているんですよ」というつもりで話してあげましょう。

2　復唱させる

　教師の話をただ単に聞き逃してしまう不注意な子どももいます。そんな子どもに対しては，「ゆたか君，もう１回言ってごらん」と復唱させます。「えっと……聞いていませんでした」と言えば，「みんなで言ってみましょう」

と全員に復唱させます。普段から話を聞き逃しそうな子どもに目を光らせておいて，子どもから聞いてくる前に，教師がその子どもに問いかけます。自然と子どもが集中して話を聞くようになります。

3　聞き逃した時の対処の仕方を教える

いつまで経っても同じことを聞いているようでは困ります。そんな時は，冷たいようですが「そのことは，さっき言いました。自分で友だちに聞いてごらん」「どこかに書いてありますよ。調べてごらん」と聞き逃した時にどうすればいいのかを教えます。いつまでも教師が教えていては頼り切ったままになります。ただし，あくまで毎回毎回同じことを言ってきた場合です。はじめは丁寧にその子どもに合わせて同じことを言ってあげることが教師との信頼関係を築くことにつながります。

予防のポイント

低学年で同じことを何度も聞いてくる子どもには，何度も「いいよ。教えてあげるよ」というスタンスで関わっていきます。しばらくして「ゆたか君，もう一度教えてあげようか？」と話してみると，「もう大丈夫。ちゃんと聞いていたよ」とニコニコして言ってくれます。

そのうち近くの友だちで「それはね……」と教えてくれる子どもが出てきます。その子どもをほめ，子どもと教師の関係から子ども同士の関係づくりにつなげていきます。

6 机の中が散らかっている

> 机の中がとても散らかっています。どこに何があるか分からない状態で，次の学習の準備にも時間がかかります。ひどい時にはプリントが机の中に押し込まれている状態になっています。

これで解決！

- 置き場所を決める
- 定期的にチェックする
- 一緒に片付けてあげる

1　ランドセルから引き出しへの移動を練習する

　これまで机のない幼稚園・保育園での生活から自分の机がある生活に変わります。家庭に学習机があっても，それは常に物が置きっぱなしでもかまわない状態です。学校の机の中（地域によっては引き出し）に毎日出し入れが必要になります。まずは，ランドセルから机の中への出し入れができるように指導しなくてはなりません。どこに，何を入れ，おいておくのか。その日の授業で使う教科書・ノートと筆箱を入れることを教える必要があります。必要に応じて，ランドセルから出したり入れたりする練習も必要です。当たり前と思っていることから指導しなくてはいけません。2年生になってもきちんと机の中へ必要な物を出し入れできるかどうか確認しましょう。

2 こまめに個別チェックする

　1年生の場合，帰りの会の時間に整理・整頓をする時間をとります。たった1日であっても机の中に不思議とゴミがたまってしまうのが低学年。引き出しを使っている場合は，机の上に引き出しを出し，合格したら入れるなどの個別のチェックをこまめにします。私は週に一度，何年生になっても金曜日は必ず引き出しを机の上に出して，机の中の整頓・掃除をしてから帰らせています。

3 やり方を教える

　低学年の子どもは，きれいに整頓できる子どももいる一方，なぜかいつも散らかってしまう子どももいます。そうした子どもには個別に一緒に手伝ってあげましょう。「それじゃあ，一緒にやろうか」と言って最初は手伝ってあげます。途中「ここから先はできる？」と聞きながら後は任せます。また，「最初の3分はできるところまでやってごらん」とやらせておいて，時間が経ったら「それじゃあ，後は時間がないから一緒にやろうか」と手伝ってあげます。整頓の仕方を一緒に教え，できたときはしっかりほめてあげましょう。

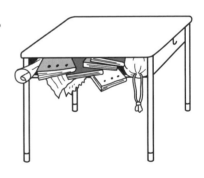

予防のポイント

　机の中が散らかっていても，準備がすぐにできて本人が困っていなければ別にいいのです。そうならない場合，きちんと指導します。
　子どもたちに整理・整頓をする時間を取っている間，教師も教卓を整理・整頓をしましょう。一緒に片付けている姿も大事な予防になります。

7 生き物をいっぱいつかまえてくる

休み時間や家でつかまえた生き物を学級に持ってきて「飼いたい」と言ってきます。バッタやカマキリならまだいいのですが，カエルやイモムシ（蝶の幼虫）など女の子が嫌がりそうな生き物もつかまえてくるので困っています。

これで解決！

- 飼えるものなら飼う
- 観察して，その日に逃がす
- みんなが「飼っていいよ」と言ったら飼う

1 教室に虫かごを用意する

　子どもは（特に男の子は）生き物が大好きです。飼える範囲のものであれば教室で飼ってあげましょう。その代わり，①持ってきた人が必ず世話をすること，②万が一，いなくなっても責任は自分で負うこと，などを確認します。生活科として観察することもできますので，学級に観察用の虫かごを用意しておいてもよいでしょう。ただし，毛虫などの毒があるものには注意が必要です。

2 1日だけ観察する

　飼うには難しい生き物もいます。そんな場合は「今日1日，教室において

いてもいいけれど，放課後は逃がしてあげてね」と伝え，持って帰らせます。ほんのちょっとでも教室においておくことで子どもは満足するはずです。まれに「何持ってきたの！　すぐに逃がして」と言われる方もいますが，よほどの生き物でなければ「よく見つけたね」と一言言ってあげたいですね。ちなみに，私が悲鳴を上げたのは「うじむし」を「いっぱいいたよ！」と喜んで持ってきた時です。「ヌートリア」の子どもを捕まえてきた時はその日1日だけ観察しました。

3　同意を得る

最近は家庭でさえも生き物を飼うことが難しい場合があります。できるだけ飼ってあげたいのはやまやまですが，教室には生き物が苦手な子どもがいるのも現実です。アレルギーの心配もあります。生き物のせいで教室に入るのも嫌だという子どもが出てしまっては困りものです。「飼ってもいいか，みんなに聞いてみるよ」と同意を求めてから飼うという約束を決めておくとよいでしょう。一人でも「絶対嫌だ」という子どもがいた場合は，その子どもの見えない場所で1日観察にします。

予防のポイント

かつて学校にはウサギや鶏，小鳥がいました。私の教室でもハムスターを飼っていたことがありました。でも，鳥インフルエンザやアレルギーのことを言われ始めた時代から学校から生き物がいなくなってしまいました。子どもの理科離れが深刻というニュースが流れていますが，教師の方が生き物を中心とした理科離れになっているのではと感じています。生き物は身近に生命を感じるきっかけになります。教師の中にも苦手な方はいるかもしれませんが，生き物が子どもの会話のきっかけになればと思っています。

8 文房具が遊びにつながるものになっている

> 筆箱やノートがキャラクターのかいてあるものになったり，鉛筆が転がして遊ぶものになったりしてきました。
> 授業中なかなか集中して学習に取り組めません。

これで解決！

- 何のための道具かを考える
- 「自分一人で楽しもうね」と伝える
- 学習にふさわしい文房具のお願いをする

1 用途を考える

　そもそも筆箱もノートも鉛筆も何のために持ってきているのでしょうか。子どもたちにも同じように問いかけます。キャラクターがついていることが悪いわけではありません。それに見とれてしまったり，遊びにしたりすることがいけないのです。鉛筆を転がして遊んでいるのを見かけたら「鉛筆が悪いわけではありませんよ。鉛筆に見とれて勉強できない君の心が弱いのです。それが正せないなら，そのきっかけをつくっている鉛筆を交換するしかありませんね」と話していきます。必要であれば学級全体に話してもいいでしょう。

2 見せびらかさない

　筆箱も鉛筆もノートも下敷きも，そこにデザインされたキャラクターや写真は本人が楽しめばいいことです。あこがれのサッカー選手がそこにあれば学習への励みになる場合もあります。しかし，それはあくまで持ってきた本人に限っての話です。子どもは自分の持ってきたものを自慢し，見せびらかしたがります。その行為に対して指導します。「君一人で楽しみなさい。みんなにうらやましがらせてはいけません」と伝えます。さらなる伝染を防ぎます。

3 家庭の協力を得る

　学習への道具については，家庭の判断に任されます。子どものほしいままに文房具を買ってしまう家庭もあるでしょう。あらかじめ年度当初に文房具についての話を学級だよりや懇談会などで話しておきます。

予防のポイント

　今やデザインにキャラクターがついていないものを探す方が難しい時代です。キャラクターがあろうとなかろうと，学校は勉強する場所です。学習へ向かう姿勢が大事であることを保護者にも子どもにも話しましょう。

9 歯が抜けたと大騒ぎする

「歯が抜けたー！」と言って大騒ぎしてしまいます。
休み時間だけじゃなく，授業中も大騒ぎになってしまいます。

これで解決！

- 「おめでとう！」と言ってあげる
- 家に持って帰らせる
- 自分で口をゆすがせる

1　教師も成長を一緒に喜ぶ

　歯が抜けたのは成長の証。「おめでとう！」と言ってあげます。子どもは「うん！」と言ってにこにこします。子どもは歯が抜けることを「まだかな〜」と楽しみにしています。教師も一緒に喜んであげましょう。騒ぎは一時で収まります。

2　家族も一緒に喜ぶ

　抜けた歯をティッシュなどに包んで渡します。「お家の方に見せてあげようね」と筆箱や連絡袋などに入れて持って帰らせます。最近は抜けた歯をとっておくための乳歯ケースのような容器も売っています。家族と一緒に成長

を喜ばせてあげましょう。

3　周りの子どもを心配にさせない

　歯が抜けた時の血をわざと口の周りにつけたままやってくる子どももいます。それを見た他の子どもたちがさらに大騒ぎすることがあります。一言「ふざけません！」と言って静かにさせています。そして，歯が抜けた時の対処の仕方を教えます。血が出ずにすっきりと抜けることが多いのですが，血が出た時は自分で口をゆすぎます。口の周りについた血も自分で洗わせます。そのあと「歯を持ってきてね」と伝えます。

　まだ歯が抜けていない子どもの中には，歯が抜けることを怖がっている場合もあります。「血まみれで現れたらさらに怖がってしまうよね」と話してあげます。

予防のポイント

　歯が抜けることは，身体が大きくなるということの1つです。歯が抜けたことを自慢する子どももいますし，「まだかな〜」と待っている子どももいます。もちろん「いやだな〜」という子どももいます。

　そんな子どもたちに抜けた後の歯をどうするのか，という話をしてあげます。日本では，屋根や縁の下に投げるという地域が多いようです。

　欧米では，枕元においておくと朝になるとコインに変わるという言い伝えがあるようです。いろんな地域のことを知ると，歯への興味がわいていきますし，歯を大切にしようとします。

10 トイレを上手に使えない

トイレを上手に使えません。男子用はおしっこが周りに飛び散っています。個室も用を足したものが流れていないことがあります。和式便器の時は，周りが汚れたまま放置されていることもあります。子どもが見つけた時は大騒ぎになります。

これで解決！

- 汚れていないか確認させる
- 手におえなかったら必ず伝えさせる
- 静かに用を足す

1 身体もスッキリ！場所もスッキリ！

　トイレを使った後の始末は次に使う人への思いやりです。多くの人が使うトイレは，自分だけがスッキリすればよいものではなく，次使う人も気持ちよく使えるように心がけさせたいものです。そこで「すっきりした後は，一度振り返ってみよう」と声をかけます。「もしも汚れていたら，自分できれいにすることがマナーです。もしかしたら，同じ場所を自分が使うかもしれませんよね」と話します。身体もスッキリ！場所もスッキリ！させます。

2 和式便所は汚れやすい

　わざとじゃなくてもトイレを汚してしまうことがあります。家庭では洋式

便座がほとんどです。しかし小学校では未だ和式便器の場合が少なくありません。普段使わない和式便器の時に汚してしまうことがあります。そんな場合は「もしもトイレを汚してしまったら自分できれいにします。でもね，手におえない時もあるよね。そんな時は，こっそり先生に言ってね。きれいにしておくからね」と学級全体に話しておきます。汚しっぱなしにしないことを伝えます。

3 トイレは静かに使う

男子の小便器を汚してしまうのは，友だちと隣でおしゃべりをしたり，遊び仲間で急いだりしている時です。用を足す場合には「静かにスッキリとおしっこをするんですよ」と声をかけておきます。トイレは静かに使うだけできれいになっていきます。

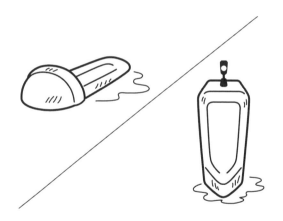

予防のポイント

低学年では，トイレの使い方もきちんと教えておかなくてはいけません。子どもは当たり前と思っている使い方も家庭だけのルールである場合があるからです。特に和式便器の場合は，失敗しやすいのです。「しゃがんだら，もう一歩前」と話します。その場所でちょうどよくなります。

Part5　学習に関わる指導場面―困った時の解決策と予防のポイント

1 姿勢が悪く，自分の席でじっとしていられない

> 授業中，姿勢がとても悪い子どもがいます。
> 注意してもなかなかよい姿勢が保てません。

これで解決！

- よい姿勢を経験させる
- 気付いた時に指導する
- 体幹を鍛える

1　よい姿勢とはどのような姿勢か

そもそも姿勢がよい状態とはどのような状態かを教える必要があります。全体の指導でよくなされるのが「お腹にグー，背中にパー，足の裏はぴったりと」などのかけ声をする方法です。机とお腹の間の感覚がこぶし1つ分くらいに，腰に手のひらを当てて律用を促す声かけです。

かけ声をしなくても、姿勢のいい子どもを紹介し「いずみちゃんの姿勢のどこがいいか分かる？」と問いかけ、自分たちでいいところを見つけさせてもよいでしょう。自分たちで見つけることで姿勢のよさを自覚することができます。

2 気付いた時に手を当てたり声をかけたり

姿勢は一度教えたからといってすぐに治るわけではありません。習慣になっているので一瞬はよくなってもすぐに崩れてしまうのが現実です。いつも全体指導するわけにもいきません。ですから机間指導などで「ちょっと姿勢がくずれているなぁ」と気付いた時にそっと手を姿勢の悪くなっている腰や足などに触れてあげるだけで正します。また、小さな声でその子どもに「姿勢どう？」と声をかけます。その子どもも正しますが、周りの子どもも意識して姿勢がよくなります。

3 身体を支える力が備わっているのかを見る

姿勢をよくするには、そもそも身体を正しく保つ筋肉が必要です。最近の子どもを見ていると腹筋や背筋など体幹となる部分に力がついてない子どもがいます。授業中の声かけも大切ですが、体育の授業などを通して腹筋・背筋などの身体づくりから必要な場合もあります。

予防のポイント

型から入ることも大事ですが、授業の内容を興味・関心の湧くものにすることも大切です。授業が子どもたちにとって楽しく学ぶ意欲を高める内容だった場合、身を前に乗り出したり、話をする人の方に身体を向けたりできます。こんな時は、じっと姿勢を正している時と違う子どもらしい姿勢のよさが見えます。授業の内容についてはぜひ拙著『国語科授業サポートBOOKS　今日から使える！いつでも使える！　小学校国語授業のネタ100』（明治図書）をご覧ください。

2 ハイハイ！とうるさく手を挙げる

> 発問を出すと「ハイ！ハイ！」とずっと言っている子どもがいます。当ててくれるまで，しつこく言い続けます。他の子どもの意見も聞きたいのですが。

これで解決！

- ハイ！は1回と決める
- 当ててほしかったら手と目で訴える
- 最初に一度当ててしまう

1　挙手の約束を決める

　ハイ！ハイ！と続けて何人もの子どもが言うと，教室が騒がしくなってきます。元気のいい子どもにおされて，おとなしい子どもの挙手をしようとする意欲を妨げます。意見表明として挙手をさせたいのであれば約束を決めておきます。
　①「ハイ！は1回です。2回以上の『ハイ』は当てません」
　②「ひじをビシッと，できれば小指の先まで伸ばしましょう」
　この約束だけで元気のいい子どものうるささを姿勢のよさに変えることができます。また，手を挙げようかどうしようか迷っている子どもの手の動き，小指や筋肉の動きが教師の目に入ってきます。

2　目と姿勢でアピールさせる

　「当ててほしかったら目で訴えてください」「言葉ではなく，姿勢で『当ててください』とアピールしましょう」このように話すと，子どもの手のひらは教師の方を向き，瞳をかっと見開いて教師の方を向きます。「誰にしようかな～」とじらすことで，さらに手の挙げ方をよくする練習になります。

3　エネルギーを早めに発散させる

　あまりにもうるさい子どもは，授業の最初に当ててしまいます。一度当ててもらって意見を言ったら，その子どもは安心してその後は静かになりますし，他の子どもが当てられても納得するものです。まだ低学年は自分のことで精一杯です。授業で意見を言うことが担任の教師とのつながりをもつ方法だと考えている子どももいるのです。こういうタイプの子どもは，エネルギーを早めに発散させて，元気のよさは活かしておきます。ただし，意見の発表が「大きい声を出した人の勝ち」という雰囲気にならないようにしましょう。

予防のポイント

　私の学級は最初こそ「挙手―指名」型ですが，そのうち「自由発言」型（指名なしの話し合い）に変わっていきます。授業スタイルは教師の教育観の表れです。挙手の仕方も同様です。ハイ！と元気な挙手がいいと考える教師もいれば，サッと静かに挙手する方がいいと考える教師もいます。私は「ハイ！」というのは呼ばれた時の返事と考えているので挙手の時に返事はさせません。その代わり，指名した後に「ハイ」と言わせます。

　大切なのは，挙手の型よりも，授業が子どもたち全員にとって学ぶ場になっているかどうかです。授業の中身がじっくり考えさせる価値あるものであれば，自然とうるさくはなくなるでしょう。

3 鉛筆の持ち方が悪い

子どもの鉛筆の持ち方が気になっています。とても変な持ち方で持つ子どももいます。字が書ければよいというものでもない気がしています。

これで解決！

- 正しい持ち方は一生の宝物と教える
- 「今なら間に合う」と伝える
- 一言，「えんぴつを正しましょう」と言う

1　学校でこそ教える

　鉛筆などで書く経験は家庭や幼稚園・保育園ですでにしています。その時の持ち方がそのままになっています。家庭で鉛筆の持ち方を任せていた時代もあったのでしょうが，今，正しい持ち方を教えることができるのは学校だけです。鉛筆を正しく持つと，①字がきれいになる。②思うような線や絵が描けるようになる。③つかれにくい。④姿勢がよくなる，などの効果があります。さらには経験則ですが，鉛筆が正しく持てる子どもは，総じて学力が向上するような気がしています。鉛筆が正しく持てている姿は，大人になった時の好印象につながります。ですから「鉛筆の正しい持ち方は一生の宝物だよ」と話をしています。別項目の「箸の持ち方」ともつながります。合わ

せて指導していきましょう。

2 矯正用の教具を使う

　低学年には正しい鉛筆の持ち方にするための教具があります。高学年になると恥ずかしがって誰もつけなくなるので、低学年のうちがチャンスです。学級全員分を購入してもよいでしょう。また、書写の時間やテストで自分の名前を書く時など、ここぞという時は必ず正しい字で書くように指導しておくとよいでしょう。

3 気になった時に一言言う

　いつもいつも正しい鉛筆の持ち方のことばかり考えているわけではありません。授業中にふと鉛筆の持ち方が悪くて気になった時に「鉛筆の持ち方は？」「鉛筆を正しくね」と一言言ってあげます。その時だけですが、直すはずです。気になった時でいいので繰り返し言い続け意識づけましょう。

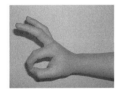
①OKサインをつくる

②鉛筆の先をさすようにつまむ

③鉛筆をくるっと回す

④中指をそえる

予防のポイント

　鉛筆の正しい持ち方は、親指だけの独立した動きができていないとできません。いわゆるチンパンジーの手状態のことです。入学前、親指の動きが未発達の段階で鉛筆などの細い筆記用具を持って書いていると、その時の癖が残ってしまい、正しい持ち方ができません。正しい箸の持ち方も同様です。
　低学年の子どもの親指の動きを観察し、親指だけ意図的に動かせる状態であれば、正しい鉛筆や箸の持ち方を指導します。

4 声が小さくて聞き取れない

授業中，指名した時に声が小さくて聞き取れない子どもがいます。「大きな声で」と言っても泣き出してしまいそうで，なかなか声が大きくなりません。

これで解決！

- 「ここまで声を届かせてごらん」と指示する
- 「話はキャッチボールだよ」と伝える
- 息の吸い方と吐き出し方を教える

1　声が聞こえる位置を明確にする

「大きな声で」と言っても，その子どもの精一杯がその声かもしれません。具体的に「ここまで声を届かせてごらん」と教室の一番遠くの子どもの場所に先生が立って指示をします。または「2つ隣のいずみさんが聞こえる声で話してね」「聞こえたね」「次はその後ろのゆたか君のところまで聞こえる声で話してごらん」と子どもの聞こえる声の位置を遠くにしていきます。

2　実際のボールで表す

「会話はキャッチボール」よく聞く言葉です。実際にボールを持ってきて会話のキャッチボールを見せてみましょう。「声が小さいとこんな感じにな

るね」と話をしながらボールを手元に落とします。「声が大きすぎるとこんな感じだね」と教室の後ろまで思いっきり（といってもほどほどに）投げます。「聞き取れない時はこんな感じだね」とゆ～っくりと上に投げます。言葉をボールに例えて見せるのです。相手のことを考えた声が大切であることを伝えます。

3　学校ではみんなが聞いている

　教室での話し方をきちんと教えます。「しっかり息を吸って，口を開けて話す」「ゆっくり，はっきり話す」「相手の顔を見ながら話す」などです。幼稚園や保育園では思い思いの発言を好きな時に好きな大きさでしていました。学校では，公の場としての話し方が求められていきます。話し言葉と教室での話し方があることを教えます。

予防のポイント

　声が小さい子どもは，そもそも大きな声が出せているかを確認します。普段から声の小さい子どもが授業中大きな声が出せるわけがありません。
　そんな時は，あいさつや歌などみんなと一緒に大きな声が出せるような場をたくさん設けます。集団で大きな声が出ないのに，一人で話す教室の話し合いで突然大きな声になるわけがありません。
　時には大声を出す練習も必要です。

5 話が聞けない

子どもがなかなか話を集中して聞いてくれません。
教師の話も子どもの話も，手遊びをしたり違う方を向いたりします。

これで解決！

- 身体が話す人の方に向いているかを見る
- 「瞳を開いて聞くんだよ！」と声をかける
- 「はい」「うん」と対応する

1　話す人に身体を向ける

　話を聞いているかどうか頭の中をのぞいてみないと分かりません。でも，姿を見れば少なくとも聞こうとしているかどうかは分かります。ですから，身体を必ず話し手の方に向けます。「おへそを向けなさい」「目を合わせなさい」などと身体の具体的な場所を入れながら聞く姿勢をつくらせます。後ろの人が話し始めたら，身体は後ろを向けるなどの練習も必要です。身体で「聞いているよ」という姿を示すことが大切であることを伝えます。

2　瞳で聞く

　「目で聞くんだよ」「瞳を開いて聞きなさい！」「瞳の奥の黒いところで聞

くんだよ」などと目を重視します。「前の人の頭で見えなくても，一生懸命聞いていたら頭の先に話す人が見えてきますよ」と視線の先に話し手がいる状態をつくります。

3　聞き手も声や表情で表す

　聞いている子どもにも声を出させましょう。話し手の言葉に対して「はい」とか「うんうん」などとうなずいて対応させます。聞いている内容に対してそうだなぁと思えば「そうだ！」という声を出させたり表情をつくらせたりします。反対の意見には「え！？」という声を出させたり，変だなぁおかしいなぁという表情をつくらせたりします。話し手の話を聞きっぱなしにしない状態をつくらせるのです。

予防のポイント

　いろんな授業を参観していて，子どもの発言を一番聞いているのは担任の教師で，他の子どもたちは話を聞いていないという場面によく出あいます。話の聞き方は姿勢を意識して指導すれば，効果が目に見えて分かります。でも，その効果が出る前に教師があきらめてしまっているのではないかと思います。

　よいモデルになる子どもを見本にしてまねしてみたり，本当に大事な話し合いの時は，手に何も持たないようにしたりといろんな工夫をして聞く力をつけていきましょう。

【参考文献】拙著『小学校国語の授業づくり　はじめの一歩』（明治図書）

6 知ってる！とすぐに言う

　授業中，学習していると「知っている！」「もうやった！」と言う子どもがいます。
　学習塾や通信教材などで先に学んでいるようです。教室ではこれから学習に入る単元なのに他の子どもたちの意欲も下がります。

これで解決！

- 「それ，自慢？」とたずねる
- これまでの言葉で説明させる
- 困っている人に教えさせる

1　優越感を防ぐ

　「知っている！」「もうやった！」と子どもが大きな声で授業中言うことは，他の子どもに対しての優越感がにじみ出ます。他の子どもをばかにしたような発言です。ですから，こうした発言は許しません。「それで君はどうしたいの？　勉強しなくていいの？」「君の言っていることは，『オレ，もう知っているんだぜ。すごいだろう』って自慢しているようにしか聞こえません」とビシッと言います。「知っていても，もうやっていても，『本当かな』『自分でちゃんと解けるかな』と注意深く考える方がもっと賢くなります」と言ってしまいます。

2 既知の知識で説明する

「もう3の段言えるんだぞ！ すごいだろう」など、かけ算の前にこうした発言はよく見られます。「そっか、もう覚えたのか。すごいね」と認めつつも「ところで、かけ算ってどういうこと？」「3の段の意味はどういうこと？」とただ覚えただけの知識だけでは不十分であることを説明します。算数の授業では未習の学習用語を言って説明する子どもにも「まだその言葉を知らない友だちがいるから、習った言葉を使って説明してください」と言います。自分の知識をひけらかすような子どもにはさせません。

3 教える場面を与える

先に学習が進んでいる子どもは、自分で意欲をもって学習している子どもです。そういった子どもには、学習していても困っている子どもに教える場を与えます。「こうき君は早くから勉強していたみたいだったね。みつる君が困っているから教えてあげてくれる？」「いずみさんはもうバッチリみたいだから、分からない人は聞きに行ってごらん。きっと教えてもらえるよ」などと個別に学習する時間に関わりをつくってあげます。教えることによって、さらに学習内容を定着させてあげます。

予防のポイント

授業では、原則として初めて学ぶ子どもを対象にして授業を進めていきます。こんな時、単元を先取りしてしまった子どもは退屈になりがちです。説明する技術や教え合う関係づくりで「知っている！」と先走ってしまう子どもを防ぎます。
　また、単元を先に学習している子どもでも夢中になるような授業を考えます。最近はどうしても課題のある子どもに注目しがちですが、発展学習や難問などで知的好奇心の湧く問題や授業ができるように教師が工夫していきたいですね。

7 だらだらと長く話をする

意見を発表する時に,長くずーっと話をしてしまう子どもがいます。
いっぱいいろんなことを考えているのは分かるのですが,聞いてくる子どもの集中力が続かなくなります。

これで解決!

- 「短くズバリ言ってごらん」と問い返す
- 「〜でしょう?」を付けさせる
- よい話し方をみんなでまねしてみる

1　大事なことを先に言う

　頭の中で思ったことをそのままどんどんしゃべってしまうのは,考えているようで実は頭の中で考えが整理されていない状態です。単に思いついた意見を言いたい場合にありがちです。そんな時は「ちょっと待って。簡単に言うとどういうこと?」「ズバリ一言で言うとどうなるの?」と問い返します。「大事だと思うことは先に言うと伝わりやすくなるよ」と指導していきます。

2　確認・同意を求める

　「,」で文をつなぐような話し言葉になると長くなっていきます。話をするとき,分の最後に「〜でしょう?」を付けさせます。聞き手に問い返す言い

方をさせるのです。「〜で，〜だし，〜だから，」と読点が続くとだらだらと話をした感じになり，何を言いたいのか分からなくなります。その点，「〜でしょう」と問い返すと句点になり，文の意味が1つずつはっきりします。さらに今話している内容を確認してくれるので，話の内容も伝わりやすくなります。

3 話し方のモデルを示す

話の伝え方の上手な子どもがいたら「今の発表の仕方上手だったね。まねしてみようか」と話し方の練習をします。取り立てて国語の授業に行うよりも，他の教科でも話し合いの時に上手な話し方ができていたら取り上げてみんなに広めていく方が効果的です。具体的な視点としては，①短くズバリ話す。②「〜でしょう」と確認・同意を求める。③相手の方を見て話す。④大きな声ではっきりと話すなどがあげられます。

予防のポイント

子どもの話し方は教師の話し方に似てきます。休み時間にふと教室に入ったら，2年生の子どもが先生ごっこをしていました。黒板の前に立って話をする話し方が私にそっくりだったのです。私はドキッとしました。特に低学年は無意識に教師の話し方をまねします。

教師自身がだらだらと長く話をしていないか考えてみる必要があります。1つのことに1つの話題で話しているか。主語と述語は対応しているか。あらかじめ話の中身を考えて「今から3つのことを話します」と見通しをもたせているか。教師自身の話法を高めることが大切です。

8 語彙が少なく，なかなか文章が書けない

作文や日記などで，なかなか文章が書けない子どもがいます。そもそも語彙が少ないので，なかなか内容の深い文章にもなりません。

これで解決！

- 「先生に教えてね」から始める
- 話し言葉と書き言葉がある
- 視写をしてみる

1　1年生では，まず「型」を示す

　ひらがなをやっと覚えた1年生が書く文章は，話す言葉をそのまま文字に表す話し言葉で書いていきます。ですから書く内容も，話す言葉がそのまま文字になります。字もたどたどしい状態であればなかなか文章は進みません。そこで文章の型を示してあげます。「今日あったことで一番覚えていることを先生に教えてほしいな。それを作文に書いてね」と言い，以下のような型を示します。型があることで書きやすくなります。

```
せんせいあのね。きょう，がっこうで□□□□をしたよ。
ぼくは□□□□っておもったよ。
```

型の空欄を埋める形で書かせます。最初は「したこと」作文・「あったこと」作文でかまいません。そのうち，この型を破って書く子どもが出てきます。その子どもの作文を紹介しながら，文章の工夫を教えていきます。

2　2年生からは書き言葉にする

2年生になると，話し言葉で書いていた文章を書き言葉にしていきます。「せんせい，あのね」から「今日，○○がありました。ぼくは……と思いました。」という頭の中で考え，書くための，伝えるための文章に変えていきます。これも最初は型を示しながら書かせます。

3　語彙を増やすには視写や暗唱をさせる

語彙は新しい言葉に触れないと増えていきません。そこで銘文・銘詩の視写をさせます。子どもたちの知らない言葉や言葉の使い方・表現にふれることで語彙や表現技法を増やします。好きな詩は暗唱させることも効果的です。

ぎおんしょうじゃの
かねのこえ…

予防のポイント

そもそも教師は何のために書かせるのでしょうか。その目的を教師がきちんと理解しておかないと，ただ書かせて終わりになり子どもに力がつきません。

書くことによって，文字や漢字の定着を図ります。また，書くことによって頭の中を整理し振り返ります。さらに書くことによって思考しはじめます。書く力は，書くことによってしかつきません。書くことは人間だけができる活動でもあります。書くことは，人間を更なる成長に導いてくれる活動だと考えています。

9 本をなかなか読まない

子どもたちが本をなかなか読みません。せっかく図書室（学校図書館）があるのになかなか本を借りていないようです。たくさん本を読んでほしいのですが。

これで解決！

- 週に一度は図書室へ行く
- 読み聞かせをする
- 本を調べる必然性のある授業にする

1 授業時間に図書室に行く

　放っておいては絶対に本は読みません。教師が何らかの働きかけをすることが大切です。低学年であれば，1週間のうち必ず1回は図書室へ行く時間を設けます。国語の授業時数はかなりあります。いつも1時間全部ではなく，15分程度を本の貸し借りの時間にあてます。10分で選び，5分で借りるくらいの速さです。もしも選べなかった場合は教師が選んであげましょう。月曜日の国語は必ず図書室の時間，といった具合に決めてしまうと楽です。

2 読み聞かせをする

　本の楽しさを知らない子どももいます。私は担任した学級で4月はほとん

ど毎朝,読み聞かせをしています。経験的に「絵本を読んであげるからおいで」と言って,教師の近くに来る子どもは本の楽しさを知っている子どもです。きっと幼稚園や保育園,家庭で本を読んでもらっていたのでしょう。一方なかなか近くに寄ってこない子どももいます。そうした子どもは本を読んでもらった経験の少ない子どもです。そうした子どもが近寄ってくるように本の楽しさを読み聞かせを通じて教えていきます。

3　図書室は情報の宝庫

　授業の中で図書室を使って調べる言語活動を取り入れます。例えば,国語の説明文で「いろんな乗り物を探して,自分だけの乗り物事典をつくろう」という単元を組みます。また生活科でつかまえた生き物を「そうだ！　図書室に図鑑があったよ。みんなで調べてみよう！」と投げかけます。図書室が調べるための最適な場所だということを教えます。

【参考文献】拙著『国語科授業サポートBOOKS　今日から使える！いつでも使える！　小学校国語授業のネタ100』（明治図書）

予防のポイント

　本が好きな子どももいれば,運動が好きな子どももいます。天気のいい日に子どもがいっぱい図書室にいるのもちょっと変です。読書は趣味の世界です。ですから「100冊目標です」「必読書を全部読みなさい」という形式だけにとらわれないようにしたいものです。
　そのうえで,本の楽しさを味わわせるために教師が何らかの働きかけをしていきたいと思っています。私はまずはとにかくたくさんの本を読むことをさせます。ジャンルは問いません。ある程度の本が読めるようになったら,いろんなジャンルを紹介します。多読から質読へ,です。

10 学習についていけない

授業をしていてもなかなか学習の進度についていけない子どもがいます。
学力が下がってしまうのではないかと心配です。

これで解決！

- 特別な支援が必要かを見極める
- 学習意欲の問題かを考える
- 授業形態を変えてみる

1 児童を観察する

　学習の遅れと一口に言っても様々です。文字の学習についていけない，数字や計算の学習についていけない，そもそも席に座っていることができない，などいろいろな状況があります。幼稚園や保育園では自由な環境にあり，小学校入学に当たっての引継ぎでは特別な支援対象に上がっていなかった子どもが，小学校という環境において表出することがあります。一人一人をじっくり観察し，とりたてた支援が必要かどうか見極めます。担任教師一人では分かりにくい所があるので，特別支援教育コーディネーターなどと連携して対応します。また，学習についていけないといっても成長が遅いだけという場合もあります。俗に「早生まれ」と言われる子どもは，４月生まれの子ど

もと1年近くの成長差があります。何ができて，何ができないのか，具体的な情報を集めて対応にあたりましょう。

2　本人の意欲の問題かを考える

学力的には力があるのに集中力が足りないと思う場合は，学習意欲の問題です。その子どものそばに行って頻繁に声をかけるなどして授業に集中させます。また，こうした場面でもＡＤＨＤ（注意欠陥・多動性障害）といった特別な支援が必要な子どもがいる場合があります。意欲の問題なのか特性の問題なのか考えるだけで手立てが変わってきます。

3　じっとしている時間を減らす

学習についていけない子どもへの対応として，作業を増やすことを勧めます。考えをノートに短く書く，考えについて〇か×か立場を決めて書く，隣の子どもと意見を言い合う，分からない時は友だちの所に聞きに行ってもよい，など一人でじっと座っている時間を減らしてあげます。少しずつ何だか前に進んでいるといった気にさせましょう。

予防のポイント

どうしても学習が遅い子どもに目が行きがちです。でも，学習の進み方は本来みんなそれぞれです。教師ができると思っている子どもだって本当は一人一人学習の進み方は違うのです。

一人一人どうしたら授業中に力をつけることができるのか。どうしたらみんなが満足できる授業ができるのか。授業名人と呼ばれる人たちはみんな「全員が」という視点をもっています。目の前の子どもは一人ずつ違います。教師自ら「こうしたらどうだろうか」「この子にはこうやってみよう」と取り組む姿勢こそ大切です。

Part6　友だち関係の指導場面―困った時の解決策と予防のポイント

1　すぐに手が出る

> けんかをしたり言い争いになったりするとすぐに手や足が出て暴力をふるってしまいます。カッとなると聞く耳をもちません。

これで解決！

- 手を出したら全部台なしと意識する
- 「言葉で説明できるかな？」と問いかける
- 心の中で10数えさせる

1　「絶対に手は出さない」と念押す

　「どんなことがあっても，手を出したらすべて君が悪くなっちゃうんだよ。絶対に手は出したらダメ！」と念を押します。言葉にならない興奮からつい手が出てしまうかもしれません。相手が悪くても手を出してしまったら，相手以上の非がその子どもにかかってしまいます。「相手が文句言ってきてもか!?」「相手が悪口言ってきても!?」と食ってかかることもあるでしょう。それでも私は言います。「絶対に手は出すな！」と。そのうえで，次の指導です。

2　教師が代弁する

　手が出そうになったり，落ち着いたりした時に教師が子どもの心の言葉を代弁します。手を出しそうになっても，言葉で伝える術を教えるのです。「何に怒っているの？」「どうしてたたこうとしたの？」と問いかけます。泣いて言葉にならないこともあるかもしれません。教師と１対１で子どもから言葉を引き出します。そして「そうか。そうだったのか」と寄り添います。「今みたいな言葉を言えばいいんだよ」「手が出る前に口にすればいいんだよ」と話します。

3　クールダウンさせる

　「手が出そうになったら心の中で10数えてごらん」と話します。「10数えているうちに落ち着いて考えることができるから」と具体的な数字で示します。一呼吸置くことで暴力的な対応が収まる場合があります。特にカッとなりやすい子どもには興奮した時でも「はい！　ちょっと声に出して10まで数えて！」と話します。

予防のポイント

　暴力をふるってしまい，相手にけがをさせてしまうとどんな理由があったとしてもその子どもに責任がかかってしまいます。すぐに手が出る子どもを守るためにも暴力はやめさせます。
　たいていカッとなりやすい場面は決まっています。ドッジボールなどの勝負で負けた時や休み時間に友だちとふざけっこしていた時などです。どんな場面でカッとなりやすいかを観察しておくとよいでしょう。

2 友だちを仲間外れにする

男の子が「先生，一緒に遊びに入れてくれない」と訴えてきました。どうやら休み時間に仲間外れにして一緒に遊ばないようにしているようです。遊んだとしてもなかなか楽しく関わってもらえないようです。

これで解決！

- 「こんな話を聞いたんだけど，本当かな」と聞いてみる
- 「それ，いじめだよ」と言う
- 「こんな学級いやだな」と語りかける

1　事実かどうかを確認する

まずは仲間外れにされた子どもから事情を聞きます。その情報をもとに，仲間外れにしている中心の子どもを個別に呼び「こんな話を聞いたんだけどね。仲間外れにしているって本当かな？」と聞いてみます。本人に悪い気持ちがあれば，事情を聞くだけで反省の言葉が出て来るはずです。しかし「だって…」と言い分もあることでしょう。その時はその話をさえぎらずに聞いたうえで，「君たちと一緒に遊びたいって言ってくれるってうれしいことなんだけどなぁ」などと話していきます。

2 嫌がらせが入っていれば「いじめ」

　具体的な行為・行動として嫌がらせをしているようであれば「いじめ」です。そんな時は，該当する子どもたちを呼び，「君たち，何をしていたか自分の口で言える？」と問いかけ，事実を確認したうえで「それってなんて言うか知ってる？　いじめって言うんだよ」と低い声で，しかも真面目な顔で言います。「世の中で問題になっているいじめの1つになるんだよ」と言います。「いじめ」がいけないということは知っています。その事実をつきつけます。「いじめはよくないことは知っているよね。やめてください」とズバリ言ってしまいましょう。

3 学級全体の問題としてとらえる

　仲間外れがあることを学級全体に話します。具体的な子どもの名前は出しません。「聞いた話なんだけど，教室の中で一人ぼっちでいる人がいました。どうしたのって聞いたら，遊びの仲間に入れてくれないんだって。こんな学級どう？　先生はいやだな」とこのように語りかけます。きっと次の休み時間は誰かが一人ぼっちの人がいないかどうかを確かめてくれるはずです。もちろん一人ぼっちだった子どものフォローとさそってくれた子どもをほめることを忘れてはいけません。

予防のポイント

　「それ，いじめ」と，友だちをからかっていたり，物を勝手にとったりしている場面を見たらすぐに言います。「いじめ」という言葉には敏感です。すぐにやめます。
　人権教育を私は低学年に向けて「みんなが仲良くする教育」と言い換えています。友だちの好みや仲良しの度合いはあるでしょう。それでも学級という社会の中で，みんなが仲良くするためにどう過ごしていくかを考えることが低学年のころから大切だと思っています。

3 友だち集団に入れない

授業中「三人組をつくりましょう」と言ってグループをつくらせる時など,なかなか自分からグループに入れない子どもがいます。休み時間も遊びたさそうにしているのに,友だちに声をかけることができません。友だち集団になかなか入れないようです。

これで解決!

- 「一緒にやろうよ」と言っている子どもをほめる
- 似たタイプの子どもを誘う
- 教師が意図的に集団をつくらせる

1 子どものよい言葉を拾い,広める

自分から声をかけることができない子どもはそのままにしておくと孤立しがちな子どもです。「自分から声をかけてごらん」と指導してもできないから一人なのです。もちろん放っておいてなんとなるものではありません。そこで,誘ってくれる子どもを活用します。授業でグループをつくる時や休み時間には必ず「こっちにおいで」「一緒にやろうよ」という子どもがいます。この子どもの発言をその場・その時に拾って「素敵な言葉だね」とみんなに伝えたり,帰りの会などで「今日,こんないいことがあったよ。一人になりそうだった友だちに『一緒にやろうよ』って誘ってくれた人がいたんです」と広めたりします。

2 似た者同士は友だちになりやすい

　休み時間に教師の周りにその子どもや似たようなタイプの子どもを集めて「ちょっと手伝ってほしいことがあるんだけどなぁ」と声をかけ，一緒に作業をさせます。おとなしい子ども同士は案外気が合うことが多いです。似たような子どもを集め，そこから友だちづくりのきっかけを与えます。

3 「誰と遊んだのかアンケート」をとる

　休み時間に誰と遊んだのかアンケートをとってみます。小さな紙に日付を書かせ，「今日遊んだ人の名前を書いてください」と遊んだ人全員の名前を書かせます。最低３日続けて，できれば１週間続けます。すると，子どもたちの休み時間の人間関係が見えてきます。低学年であれば，この後の学活の時間に「実は，１週間続けて休み時間に一人で過ごした人が何人かいました。できれば１日だけでもみんなで遊んでほしいなぁと思っています」と話します。低学年なら，直接，アンケートの結果を伝えお互いが声をかけ合ってみんなで過ごすことを指導することができます。

予防のポイント

　アンケートは教師のメッセージの１つです。「誰と遊んだのかアンケート」をするということは，「みんなで遊んでほしいなぁ」というメッセージの裏側です。アンケートを学期に一度でも集中して１週間続けることによって「みんなで遊ぼう」というメッセージを送ることができます。大抵アンケートの後半には，一緒に遊ぶ友だちの名前が増えていきます。

4 仲良し二人組でしか遊ばない

女の子二人組がくっついてばかりいて，休み時間も二人でずっと過ごしています。仲が悪いわけではないので別にいいのですが，他の子どもとも遊ぶといいのにと思ってしまいます。

これで解決！

- 周りに迷惑がかかっていなければOKとする
- マイナスの行動に出ないように気を付ける
- 授業は意図的に別の子どもと関わらせる

1 そのまま見守る

低学年でも女の子に多いのですが，二人組，三人組をつくってその中で遊んでしまうことがあります。周りの子どもに対して迷惑をかけていないのであればかまいません。そっと見守っておきます。特に声をかけたからといって変わるものでもありません。

2 具体的な言葉や行動をもとに指導する

周りの子どもたちに迷惑をかける行動に出た場合，指導しましょう。例えば「私だけで遊ぶからあっちに行って！」「来ないで」など閉鎖的な関わりが出てくるようであれば，その言葉をきちんと教師が把握し「さっき『来な

いで』って言っていたでしょう。それどういうこと？」と問い返します。「あなたたちが仲良しなのは分かります。でも、せっかく遊ぼうよって誘ってくれている人をそんな言い方をするのはよくありません」などと、子どもの話した言葉に対して指導します。仲良し二人組の印象を指導しようとしても伝わりません。できるだけ具体的な事実をもとに指導していきます。

3　別々に活動させる

　教室の座席や授業での班活動では、仲良しの子どもを別々にします。別々にした時にどのような行動をとるのかを把握しておきます。普通通り他の子どもとも関われるようであれば問題はありません。しかし、別の子どもと関われないようであれば、あまりに仲良しの友だちとの愛着が強すぎます。教師が間に入って休み時間他の子どもとのつなぎ役をしたり、他の子どもとの関わりを増やすなどの活動を増やしたりしていきます。

予防のポイント

　学級の子どもたちの人間関係をつくっていくのは授業です。授業と言ってもとりたてて学級活動や道徳でグループ・エンカウンターなどの活動をしたり、お楽しみ会を企画したりするわけではありません。普段の当たり前に行っている授業の中で人間関係づくりをしていくのです。
　友だちのことを知っていくことで、その子どもと仲良くなっていきます。授業の中でいろんな子どもと関わる活動を入れたり、友だちの考えを聞いたりすることこそ一番の学級づくりとなり、いろんな子どもが関わり合う学級になるのです。

5 すぐにけんかをする

いつもすぐにけんかになってしまう子どもがいます。
みんな仲良くしてほしいと願っているのですが。

これで解決！

- けんかは成長のために必要である
- みんなを巻き込まない
- 泣いたり戦う気がなくなったりしたら，終わりにする

1 放っておく

　けんかは成長のためには必要です。自分中心の生活から周りの友だちとの関わりが増えてくれば自然と考え方の違う友だちに出あいます。そこで自分の主張を通そうとすれば必ず意見の相違が生まれます。学校はそこをどうやって乗り切っていくのかを学ぶ場でもあります。大けがにつながらない程度であれば放っておきます。本人たちが教師に訴えかけてきた場合，収束を図ってやればよいでしょう。

2 周りに迷惑をかけさせない

　けんかがエスカレートし，物を投げたり走り回ったりして周りの子どもに

迷惑をかけ始めたら止めます。「ここはみんなに迷惑がかかります。どうしてもやりたいなら続きは廊下でやりなさい」と外に出します。周りの子どもたちには，止めるならともかく，はやし立てないようにさせます。

3　けんかのルールを決める

　けんかにも最低限のルールがあります。それをけんかの後にみんなで確認しておきます。例えば「どちらかが泣いたり，まいったりしたら終わり」「顔や急所はねらわない」などです。最近の子どもはけんかをしたことがあまりありません。一度けんかを始めたが最後，徹底的に相手を痛めつけるような場に遭遇したことがあります。けんかといえどルールがあることを教えます。

予防のポイント

　けんかのない学級は理想です。しかし全くトラブルを起こさない低学年の子どもの姿を想像すると不気味です。けんかを通して友だち関係を学び，けんかを通して友だちと深く仲良くなることもあります。けんかした後に自分のことを反省したり，けんかしたけど筋は通したと満足したりと様々なことを教えてくれます。けんかは貴重な体験です。けんかを通して心が強くなることもあるのです。対等なけんかであれば見守ってあげましょう。

6 けんかしても仲直りできない

けんかをした後「ごめんなさい」と言うことができません。いつまでも怒って不機嫌なままの子どもがいます。けんかはお互い様の所があって、その子どもにも非があるのですが……。

これで解決！

- 「どっちも悪い」を原則にする
- 口先だけなら謝らなくてよい
- 謝ることは負けることではないと伝える

1 けんか両成敗を原則にする

　けんかは原則として両成敗です。仲裁する際は「けんかをしたのはきっと何か理由があるだろうけれど、どちらにも悪い所があるはずです」とけんか両成敗と言うことを話します。「何がいけなかった？　はい、ゆたか君から」と片方ずつ話をします。言い合いになりそうになっても「今はゆたか君の番。こうき君の話は後で聞きます」と一人ずつ言い分を聞きます。お互いの言い分を聞きながら「それで、君は何がいけなかったか分かる？」と話をし、けんかをしてお互いの悪かったことを確認します。お互いの悪い部分を出し合えたらきっと謝って仲直りすることもできることでしょう。

2　心を大事にする

　口先だけで「ごめんなさい！」と言うことは簡単です。でもその言葉が本心から出ていなければ，どんなに口に出しても意味がありません。むしろ「形だけ言えばいいんでしょ」ということを教えてしまうことになります。そんな時は「気持ちが落ち着いたら，謝りにおいで。先生が間に入ってほしかったら先生を呼びにおいで」と伝えます。冷静に考える時間をつくります。

3　謝ることは仲直りのきっかけと知る

　「ごめんなさい」と謝ることを「けんかに負ける」ことだと勘違いしている子どもがいます。「ごめんなさい」は，それまでの嫌な所をいったん白紙に戻して，もう一度その相手と仲良くなるきっかけなのです。自分を見つめ直し，自分の本心から「ごめんなさい」と言える心こそ，優しく強い心なのです。

予防のポイント

　「けんか」が入ることわざには次のようなものがあります。「けんか両成敗」「けんかするほど仲が良い」「けんかは一人ではできない」「けんかのあとの兄弟名乗り」などです。けんかが悪いというよりもけんかと仲良しがセットになっていることわざが多いことを子どもたちに伝えましょう。
　子どもが集まれば，けんかが起こるのは当たり前。けんかが起こった後にどうするか，ことわざをもとにみんなで考えてみてはどうでしょうか。

7 勝負にこだわる

体育の授業でのドッジボールなどのゲーム運動や休み時間の遊びの中でいつも勝負にこだわってしまう子どもがいます。負けると機嫌が悪くなって「まだ負けてない！」「あいつのせいで負けた！」「もうやらない！」と言ってすねてしまいます。次の活動に参加できません。

これで解決！

- 悔しさは認めても，いらだちは認めない
- 「次頑張ろう」「もう１回やろう」と言う子どもをほめる
- どんどん負けさせる

1 「悔しさ」と「八つ当たり」を分けて指導する

ゲームに負けて悔しい気持ちは分かります。しかし，その悔しさを次への力に変えないといけません。悔しい自分の気持ちを他者のせいにしていては成長できません。ですから「悔しい気持ちは分かった。でも，それでいらいらして他の人に当たるのはよくない」とキッパリ言います。「君のしていることは『八つ当たり』っていうんだよ。八つ当たりされると嫌だからみんなが君から離れてしまいます。先生も離れてしまいます」と言い，心の悔しさは許しても，間違った行為に対して指導します。

2 適切な行為・行動をしている子どもに着目する

子どもの中には負けても「次頑張ろうね」「もう1回やろう!」と負けても前向きにとらえている子どもがいます。その発言をほめ,みんなに広げます。「今のいずみさんの言葉いいなぁ。よし! もう1回やろうか」と明るく言います。学級全体の雰囲気を適切な行為・行動を取り上げ,次の展開につなげます。

3 負けることを経験させる

勝負にこだわる子どもは負けた経験が少ない子どもです。いろんな場面で負ける経験をたくさんさせます。最初は悔しくて泣くこともあるでしょうが,経験を積むことによって泣いても仕方がないことを学習します。負けてすねて次のゲームに参加しないようであれば,その子どもを外してクールダウンさせ,みんなとゲームを始めてしまいましょう。そのうち「先生,やらせてください」と言うはずです。その時に「その言葉待っていたよ。負けても次頑張ろうっていう気持ちが大切だね」と声をかけます。

もうやだ!やらない!

予防のポイント

過去にじゃんけんでさえも負けたら興奮し,暴れ出す子どもがいました。4月,帰りの会で私と子どもたちを相手にじゃんけんをしました。私に勝った人は大喜びです。その子どもがこっそり私に勝つ手に変えるのが見えました。勝った子どもには「おめでとう」とだけ言いました。あいこだった子どもには「私と同じ気持ちだね。気が合うね」と付け加えました。私に負けた子どもには「私に勝たせてくれてありがとう。きっと負けた人は心の優しい人ですね」と頭をなでてあげました。こうしたことを続け,勝ち負けにこだわることよりも,勝ち負けを楽しめる子どもを育てていきました。

8 物のやりとりをかくれてやっている

　子どもたち同士で，キャラクター付きの鉛筆やカードなどの交換をやっていることが分かりました。学校でも家庭でもかくれてやっているようです。

これで解決！

- お家の人のものでもあることを教える
- 物で友だちはつくらない
- 物の交換では済まなくなることを教える

1　お金はお家の人から出ている

　低学年の子どもたちは仲良くなった証として物の交換をし始めます。物をあげたり交換したりすることに対して悪気はありません。鉛筆やカードといった物も自分の所有物であって，何をしてもいいと考えています。しかし，その1つ1つはお家の方から買ってもらったものです。自分でお金を稼ぐことのできない子どもにとって，鉛筆やカードなどは自分のものでありながら，お家の人のものでもあるのです。「君たちが自分のものだと思っている道具やカードは，君のものでもあるし，お家の人のものでもあるんですよ」と話します。物のやりとりはお金のやりとりでもあるのです。

2　物のやりとりよりも，心のやりとりを大切にする

　原則として物の交換はしません。低学年ならそう言い切ってしまいましょう。物の交換によって友だちはつくれません。「カードをあげたから友だちになってね」ということは物をあげないと友だちにはなれないということになります。「物のやりとりではなく，優しい心のやりとりをしてください」と話します。

3　エスカレートさせない

　物のやりとりが始まると，どんどんエスカレートしていきます。始めは鉛筆やカードだった交換が，そのうちカードとお金へと変わっていきます。また，カードゲームは一人ではできないため，友だちにプレゼントするということにもつながっていきます。それを見た他の子どもたちも「ぼくのと交換しよう」「私にもちょうだい」ということにつながっていきます。早い段階でやめさせます。もちろん該当するお家の方への協力も仰ぎます。

予防のポイント

　自分の持ち物にはきちんと名前を書くことが物のやりとりを防ぐことにつながります。そもそも学校に関係のないものは持ってこないのが原則です。ですから学校に持ってきているものは基本的にその子どもが使うものです。
　定期的に筆箱やランドセルの中を全部出し，名前が書いてあるかどうか確認します。名前を書き終えたものから中に入れていきます。このような指導が関係のないものを持ってこさせない，また，物のやりとりをさせない指導につながっていきます。

9 だめだよ！いけないよ！と注意ばかりする

友だちのいけない場面に出くわすと「だめだよ！」「いけないよ！」と注意ばかりする子どもがいます。悪いことを注意してくれるのはうれしいのですが，きつい言葉で何度も注意するので，注意された子どもとトラブルになることもあります。

これで解決！

- 「注意は1回でいいからね」と話す
- 注意を聞いてくれなかったら言いに来させる
- 「言おうと思っていたことを言ってくれてありがとう」と話す

1 注意は1回

いけないことを注意するのは，その子どもなりの正義感です。注意してくれること自体はありがたいことです。ですが，きつい言葉で何度も言われると言われた方も嫌になってしまいます。ですから「何かいけないことがあったら1回だけ注意してあげてね。一番いいのは，相手が1回で正すことです。注意されたらすぐに反省してやめてくださいね」と学級全体に向けて話します。

2 2回目はいらない

注意をしてもなかなか聞いてくれなかった時の対応も学級全体に教えてお

きましょう。「注意されたら１回で聞くんですよ。でもね，たまに１回言ってもやめてくれない友だちもいます。そんな時は，先生に言いに来てください。注意するのは１回でいいです。２回もしなくていいです。１回で直せないのはとてもいけません。あとは先生の仕事です」と注意してくれることは感謝し，その後の対応は教師がすることで決着をつけます。

3　教師の言葉におきかえる

　教師がいるところで「みつる君！　今は，そんなことしちゃ，だめだよ」という声が聞こえたら「まいさん，ありがとう。今，先生も言おうと思っていたんだ」と話します。まいさんが注意したことを教師の言葉として伝えていきます。

予防のポイント

　どんなに悪いことをしていても，注意のされ方によって反発してしまうことはあるものです。「盗人にも三分の理」といいます。注意されるのが悪いわけですが，子どももその言い方によって正したり反発したりします。特に子ども同士の注意だと余計に反発しがちになります。
　ですから，注意の仕方をあらかじめ教えておきます。
　「注意は１回。でも注意されない生活が一番いいですね」と話します。

10 特別支援学級の子どもと上手に関われない

同じ学年に特別支援学級の子どもがいます。体育や生活科の時に交流学級として一緒に活動するのですが，なかなか上手に関われない子どもがいます。どうしても特別扱いしてしまう感じです。

これで解決！

- 関わりをたくさん増やす
- 馬鹿にするような発言は許さない
- 特別支援も必要なことを教える

1 低学年のうちからたくさん交流させる

特別支援学級の子どもとたくさん関わる場面を増やしましょう。言葉で指導してどうにかなるものではありません。いろんな活動で実際に触れ合うことを通して特別支援学級の子どものことを知っていくのです。低学年のうちにたくさんいろんな活動で交流しておくと，中学年・高学年になっても同じ友だちとして関わり続けることができます。

2 関わりながら教えていく

特別支援学級の子どもと関わる中で馬鹿にしたり下に見たりするような発言があったらきちんと指導します。「同じ1年生です。友だちを馬鹿にする

言葉はいけません」と話します。子どもによっては，小学校で初めて特別な支援が必要な子どもと出あう場合もあります。怒鳴る必要はありません。「いろんな子どもがいるんです」というつもりで教えてあげましょう。

3 理解教育を行う

特別支援学級の保護者の了解を取ったうえで理解教育を行います。私は次のように説明することが多いです。

「足や手を骨折したらギブスを付けるよね。目が悪い人はメガネをかけるよね。これは見て分かりやすいよね。足や手をけがしたら足が不自由。手が不自由。目が悪いと目が不自由。虫歯があったら食べるのが不自由なのです。特別支援学級の子どもは，目には見えないけれど，頭の中の脳が不自由な場合があるのです。原因はまだよく分かっていないことが多いけれど，見えない所が不自由なので，見た目はみんなと同じ。でも，その人によっていろんな所で困ってしまうので特別にみんなとは別の教室で勉強しているんです。ですから，もしも特別支援学級の友だちが困っていたら，助けてくれませんか」などと例え話をします。

予防のポイント

特別支援学級の子どもとの関わりは，まずは教師が担任する子どもたちと同じように接することです。その関わりを子どもたちが見ています。

現在，小学校の中に特別支援学級が増えています。特別支援学級は障害種別ごとに，知的障害，肢体不自由，病弱・身体虚弱，弱視，難聴，言語障害，自閉症・情緒障害などの学級があります。子どもの実態に応じて教師も対応が必要ですし，子どもへの説明も必要になってくることでしょう。

特別支援学級の担任と連携をとりながら活動していきましょう。

Part 7 日常生活の指導場面―困った時の解決策と予防のポイント

1 準備物がそろわない

> 準備するものがなかなか全員そろいません。
> 学習に差が出てしまいます。

これで解決！

- 2日前にはそろえておくように指導する
- 子どもと電話で確認する
- 付箋をはる

1 締め切りは前々日に設定する

　必要なものは1週間前には連絡帳や学級だよりで子どもと家庭に連絡します。締め切りを2日前に設定します。例えば，生活科のクッキングで使うエプロン・マスク・三角巾など早めに持ってきてロッカーの中に置いておきます。2日前が締め切りなら，万が一忘れてもまだ間に合います。忘れた子どもには連絡帳に個別に「持ってくるもの」として書かせます。前日が締め切りでもいいのですが，私の経験上，準備物の連絡をお家の人にしない子どももいて，お家になくて結局準備できないということがありました。特別に準備が必要なものは子どもだけでは難しいもの。余裕をもった連絡が必要です。

2 個別に電話する

　毎日使うものや週の初めに持ってくるものがそろわないのは家庭の生活習慣と大きく関わっています。１年生なら家庭との協力をお願いします。２年生ならできる限り自分で準備するようにします。あまりにそろわない状態が続く場合は，個別に直接家に電話をします。保護者ではなく子どもと電話でやりとりします。「準備した？」「まだです」「今，ランドセルに入れておいで。電話口で待っていてあげるから」とコミュニケーションします。次の日「今日は，ちゃんと持ってきたね！」と大きくほめてあげましょう。

3 視覚的な工夫をする

　耳で聞いて覚えている子どももいますし，連絡帳を見て確認する子どももいます。どうしても必要な場合には，付箋をはっておきます。ランドセルを開いた時に付箋に準備するものを書いておきます。連絡帳や筆箱など家に帰って必ず使う場所に子どもにはらせます。「準備したらはがすんだよ」と声をかけます。忘れ物をしやすい子どもは注意力が散漫になりやすい場合があります。視覚的に分かるようにしてあげます。

予防のポイント

　学校で準備できるものは学校に用意しておきます。特に図工や生活科の授業で使う新聞紙や空き箱，プリンカップなどは，少しずつ学校に貯めておきます。また，他の子どもにも「持ってこられる時は多めに持ってきてね」とお願いしておきます。今の時代，家庭によっては新聞紙など直接子どもの学習に関係しないものは準備しにくくなっています。

2 宿題ができない

> 宿題をやってこない子どもがいます。
> 何度注意してもなかなかやってきません。

これで解決！

- やらなかった分は，必ずやらせる
- 宿題の量を調整する
- 学校でやってもOKとする

1　出したら点検する

　宿題を出したら必ず点検をします。忘れた場合は，その日のうちに埋め合わせをさせます。業間や昼休み，放課後など必ずやらせます。子どもによっては「持ってくるのを忘れました」という場合もあるでしょう。でも，学校に提出するまでが宿題です。続けて忘れた場合はやっていないものとみなします。「学校に持ってくるまでが宿題です」と言い切りましょう。やっていないのを「忘れた」と言い逃れる子どもを防ぎます。

2　宿題は適量にする

　宿題はだれもができる量にします。具体的には教室の一番課題のある子ど

もでもできる量にします。時間にして15分程度。私は，計算・漢字・音読はほぼ毎日。週に2回程度日記を出していました。量はちょっとずつ，継続的に，を心がけていました。低学年の宿題は子どもが「もう少しやりたいな」「早く終わったぞ！　遊びに行こう！」と思える程度で十分です。宿題のこなせる量は一人一人違います。宿題ができない子どもには，特別に「ここまででいいよ」と量を減らしたり，別の課題プリントを渡したりするなど，その子どもにあった量を与えてもよいでしょう。「できない！　だから，やらない！」と考えさせては宿題の意味がありません。

3　家庭の実態に合わせる

　子どもの家庭での生活は色々です。家に帰って一緒に宿題を見てくれる家庭もあれば，夕方遅くまでお家の人がいない家庭もあります。習い事をしていて帰ってきたら夕食食べて入浴したら寝てしまう時間という子どももいます。私は給食の時間にその日の宿題を発表していました。習い事のある子どもや宿題を忘れそうな子どもは，昼休みや放課後のわずかな時間を使って帰る前に宿題をさせていました。

予防のポイント

　理想は宿題なしで学力が定着すればいいのです。出さなければ悩みはありません。しかし，昨今の家庭での過ごし方を鑑みると，家庭での学習習慣の定着を図るうえで宿題は必要だと考えます。
　学活で次のようなテーマで話し合いました。「宿題はあった方がいいか，なくてもいいか」です。大抵は「あった方がいい」に分が上がります。理由は「勉強になる」「テストで点が取れる」「勉強ができるようになる」です。普段忘れている子どもや学力に課題のある子どもの方が「なくてもいい」に挙手します。友だちの意見を聞いた授業後は，宿題をちゃんとやってくるようになりました。
　当たり前に宿題を課すのではなく，学力は学校でつけるという原則の上に立って，必然性のある，意味のある宿題を出す必要があるでしょう。

3 箸を上手に持てない

> 給食の時，子どもの箸の持ち方を見てみると，とてもひどい状態でした。正しく箸が持てない子どもがたくさんいます。

これで解決！

- 箸の持ち方も学校で教える
- 気付いた時に声をかける
- 箸の使い方のマナーを教える

1 箸の持ち方も学校で教える

かつて私が「箸の持ち方を誰かに教わった？」と子どもたちに聞くと，第1位は「教わっていない」でした。2位が「おばあちゃん」，3位が「お母さん」でした。今や家庭でも幼稚園・保育園でも教わっていない子どもがたくさんいます。正しい箸の持ち方を教えることができる場所は，今や小学校しかありません。学習指導要領の学級活動の内容には「食育の観点を踏まえた学校給食と望ましい食習慣の形成」があります。4時間目に学級活動で箸の持ち方を教え，その後の給食で実際にやってみる授業を取り立てて行います。

2　気付いた時に声をかける

　毎日，給食時間に箸のことばかりに気を配っているわけにはいきません。教師が気付いた時「箸の持ち方どうかな？」と声をかけます。ふと気になった時でかまいません。箸の持ち方を指導した後はちょっとずつ継続的に声をかけていきましょう。

3　箸の使い方のマナーを教える

　箸の持ち方とともに，箸の使い方にはマナーがあることも教えます。「さし箸」「よせ箸」「まよい箸」「さぐり箸」などです。給食を食べている時に友だち同士で「それってマナー違反だよ」と教えている場面も出てきます。

1本は薬指で支え，動かさない。もう1本を親指，人指し指，中指の3本ではさみ，動かせるようにする。

よせ箸　　さし箸　　まよい箸

予防のポイント

　家庭にも学校で教えたことを伝えます。お家の方から「知らなかった」「おばあちゃんが『いいこと教わってきたね』と言っていた」ということを連絡帳に書いてくださったお家もあります。厳しく指導するほどではありませんが，箸の持ち方に意識を向かせ，自分の持ち方がどうであるかを意識させ，自分で正そうとするように働きかけていきましょう。
　教師によっては「自分の箸の持ち方に自信がない」という方もいることでしょう。そんな時はユーチューブなどに正しい箸の持ち方が動画として出ています。それを見せてもよいでしょう。

4 歩くスピードが遅い

登校する際に，ゆっくり歩いて登校するので時間がかかっているようです。6年生の班長が声をかけてくれているようですが，なかなか前に進めません。

これで解決！

- はげましながら前へ進む
- 歩く時の姿勢も大事にする
- 集合時刻をちょっと早くする

1 班長に協力してもらう

　入学したばかりの1年生を見ると，ランドセルがとても大きく見えます。ここに教科書・ノート・筆箱などが入っているとかなり重たくなることでしょう。今まで送ってもらっていた子どもにとっては歩くこともランドセルを背負うことも大変なこと。歩く足取りが遅いのは仕方のないことです。6年生の班長に「頑張って！とはげましてあげてね」とか，副班長に「横で一緒に歩いてあげて。ちょっとランドセルを押したり持ち上げたりしてもいいから」と協力してもらいます。慣れれば足取りも軽くなるはずです。

2　歩く姿勢を大切にする

　歩く姿勢について話をします。朝，1日が始まるスタートこそ，いい姿勢で気合を入れます。元気よく「行ってきまーす！」と言った後は姿勢を伸ばして颯爽と歩いて学校まで来ることの大切さを話します。「朝のスタートはとても大事です。今日も1日頑張るぞ！という心構えをもって玄関を出ます。そして背筋を伸ばして，今日は学校で何しようかな？と考えながら前や上を向いて歩きます。下を向くと背中が曲がって1日が何だか落ち込んできます。家を出る時から1日の過ごし方は決まるんですよ」と話します。姿勢が悪いと自然とスピードが落ちるのです。

3　集合時刻を早める

　登校班の集合時刻はどうでしょうか。もしも歩く速さが遅いようで学校に間に合わないようであれば，5分程度朝の出発時間を早めてはどうでしょうか。特に新1年生が入ってくる4〜5月は前年度の3月に比べて遅くなるのは当然です。慣れてきたら集合時間を戻すなどの柔軟な対応を地区の子どもたちで話し合ってもいいでしょう。

予防のポイント

　歩く速さは体力とも関係があります。しっかり運動させて体力をつけさせましょう。体力とは長い時間歩いたり走ったりする持久力と，それに耐えうる筋力です。体育の時間，しっかり汗をかくほどの運動量とマット運動などで身体の体幹を鍛える筋力をつけさせ体力向上にもつとめます。

5 集団登校の時刻に遅れてくる

「朝,集団登校の時間にいつも遅れてくる子どもがいて困っている」と,6年生の班長さんから連絡がありました。出発の時間になっても来ないので,みんなが待っていなくてはいけないし,急いで学校に歩かなくてはいけないようです。

これで解決！

- 事情を聞いたうえで家庭と連絡する
- 「早寝・早起き・朝ごはん」を呼びかける
- ひどい場合はリミットを決める

1 理由を聞いてみる

　低学年の子どもが遅れてくる理由は様々です。学校で子どもに事情を聞いてみましょう。準備をしていて遅れるのか,朝起きる時間が遅くなるのか,もしかしたら学校に行きたくなくてぐずぐずしているのかもしれません。理由を子どもから聞いたうえで「子どもはこう言っているのですが,どうですか？」と家庭に協力を委ねます。学校によっては地区担当の教師からお願いする場合もあるでしょう。

2 生活リズムをチェックする

　いつも遅れてくる場合,家庭の生活習慣が大きく関わっている場合があり

ます。家庭によっては保護者がなかなか朝起きてこなかったり、もしくは朝いなかったりする場合もあります。保護者の生活を変えることはできません。そこで「早寝・早起き・朝ごはん」を学級だよりで呼びかけたり、生活リズムアンケートで家庭でのメディア時間チェックとともに就寝時間と起床時間を記入してもらうなどの啓発をしたりします。本来、登校班の地域に委ねたいところですが、近所同士だからこそなかなか直接は言えない部分もあるはずです。学校から働きかけをしてあげましょう。

3 出発時間を決める

あまりに朝の集合がひどい場合は、この時間になったら出発してしまうことを伝えます。「7時50分までは、待たせますが、他の子どもが安全に学校に登校できるために先に行かせます」と保護者に連絡します。そのうえで「遅れた場合は、保護者と一緒に子どもを学校に連れてきてください」と確認します。きちんと待っている子どもたちが不利益を被らないようにします。

集団登校は、学校の管理下になります。安全に子どもたちを学校に迎え入れるのは学校に責任になりますので、お家の方にも協力をお願いします。

予防のポイント

学級の子どもたちには、学校の準備を前日の夜のうちにしておくように話します。翌日、学校に持っていくものなどランドセルの中身も含めて終えておくのです。加えて「明日着る服も決めておこう」と話します。朝、子どもが着る服を探すのにはかなりの時間を費やします。朝起きたら、着替えてごはんを食べるだけという状態にしておくのが朝、ゆとりをもって過ごすコツです。

6 寄り道して帰りが遅い

子どもが「寄り道して帰ってくるのが遅い」という電話がありました。学校を出てから友だちと話したり，道草をしていたりするようで，家につくのが遅くなっているようです。

これで解決！

- 通学路を通って帰るように指導する
- 歩く姿勢も大事にする
- 道草だって勉強の1つと考える

1 原則は通学路を通る

必ず帰り道は通学路，登校の時と同じ道などの決められた場所で帰らせるように話します。「もしも君たちの帰りが遅くて心配したら，お家の人は，まずお家から学校まで通学路を歩いて迎えに行きますよ」「もしも事件に巻き込まれても通学路は周りの人たちが見守ってくれていますよ」と話します。この原則を徹底します。

2 姿勢よく帰る

帰り道の歩く姿について話します。歩く時は颯爽と帰ります。背筋を伸ばして前を向いて歩きます。前を向いて姿勢よく歩けば間違いなく早くお家に

帰れます。背中を曲げとぼとぼと歩いてしまえば時間もかかりますし，元気もなくなります。歩く姿勢を練習させてもよいでしょう。

3　帰り道も勉強と考える

帰り道も勉強の1つと考えましょう。低学年にとっては周りを見ながら，何か新しい発見をすることも大切な勉強なのです。安全な範囲であれば多少許してあげることも考えます。

自然のうつろいや植物の芽や花の成長を感じとります。また，地域に住んでいる人たちとあいさつを交わしながら人々の生活を見つめます。さらに，車の出入りや危険な場所を，経験を通して感じます。

家に帰ってくるのが遅くなった時はいきなり怒るのではなく，「何か見つかった？」「面白いものがあった？」と問いかけるとよいでしょう。

予防のポイント

低学年は面白いものを見つけたら，ついそこでじっとしてしまうものです。ましてや友だちと一緒なら，です。そこでお家の人が時間になっても帰ってこなかったら「何か事故にあったかな？」「川に落ちていないかな」と誰がどんな風に心配するのかを語ってあげます。

7 子どもだけでコンビニに行く

> 子どもだけでコンビニやスーパーに出入りしているようです。
> そこでおやつやカードなどを買っているようです。

これで解決！

- 家の人が知っているかを確認する
- トラブルのきっかけになることを教える
- お金は自分のものじゃないと伝える

1　子どもだけでは行かない

　子どもだけでコンビニやスーパーに行くことは多くの学校でも禁止しているはず。コンビニやスーパーに行っていることをお家の人が知っているかどうかを確認します。子どもの名前が分かっていれば直接問いかけてみましょう。家庭での生活なのでお家の人の許可のうえであれば問題ありません。子どもだけであれば，お金が関わってきますので，個別に指導していきます。

2　子どもだけで行くと魔物がいっぱい

　子どもだけのコンビニやスーパーへの出入りはトラブルのきっかけになります。友だちと一緒に出入りした場合，お金を持っていない子どもにおごっ

てあげるなどのやりとりにつながります。また、お金を持っていることによる恐喝の被害にあうこともあります。お金を持っていないのに出入りをすることで、万引きの誘惑にも誘われます。また、お金がなくなった時に、お家の人の財布からこっそりお金を取ってしまうということもあります。コンビニに出入りすることは、こうしたことが起こり得るということを具体的に話します。私は「コンビニに子どもだけで行くと魔物がついてくるんだよ」などと例えます。

3　お金はどこから出ているのかを考える

　コンビニで使ったお金はどこから出ているのでしょうか。「おこづかい」「お年玉」と子どもは言います。自分のお金を財布や貯金箱から出して使うようです。しかし、たとえもらったお金であっても、そのお金を稼ぐのにどれだけの時間と労働が必要なのか子どもは知りません。アルバイト広告を見せて「時給800円ってどういうことか分かる？　1時間一生懸命働いて800円だよ。君たちがなんとなく使ったコンビニでのお金、1時間働いた大人の時間をもらっているんだよ。無駄に使っていいのかな？」と話します。

予防のポイント

　今の時代、身近にコンビニがあり、そこに出入りすること自体を禁止するわけにはいきません。おつかいとして買いに行くことは金銭教育の大事な体験にもなります。そもそもコンビニに何をしに行くのか、その目的がはっきりしていればいいのです。
　また、お家の方にはお金の管理について気を配ってもらうように話をします。お金が自由に触れる場所にあれば、それを使ってみたくなるのが子ども心というものです。

8 近所で遊ぶ態度が悪い

子どもの住む近所の方から「子どもの声がうるさい」「子どもが勝手に敷地内に入って困る」「川の近くで遊んでいる」といった苦情が学校に入ってきました。放課後や休日，おにごっこなどでいろんな所を走り回って遊んでいるようです。

これで解決！

- 地域の人たちから見られていることを伝える
- 場に応じた過ごし方を感じさせる
- 「例えば，学校だったら……」と考えさせる

1 安全第一を大切にする

地域からの報告はありがたいご意見としてきちんと聞いておきます。地域からの子どもの態度については「安全面が心配」という意見を特に大切にします。「道路で遊んでいて飛び出してきそう」「自転車のマナーがあぶない」「川のそばで遊んでいる」などです。教室で「こういう話があるんだけど心当たりがある？」と聞くと，「あっ，ぼくだ！」「○○君がやっていたよ」という話が出ます。「地域の人が見ていてあぶないと思っていたようですよ」「地域の人が，あっ，あそこにいるのは大庭小学校の子どもだなって見守ってくれているんだよ」と話します。教師以外の人からも，君たちの外での行為・行動が見られていることを教えます。

2　大人にとっても「休日＝休む日」と理解させる

　苦情の中には「せっかくの休日なのにうるさい」「静かに休みたいのに」といったものが寄せられることもあります。思い切り走ったり大きな声を出したりして遊べない時代だなぁと残念に思うこともあります。おそらく住宅地の道路や団地の駐車場といった公園以外の場所で遊ぶことがその原因となります。「休日はどんな人がお家で過ごしていますか？」「仕事が休みで家でくつろいでいる人」「静かに音楽を聞きたい人」「もしかしたら夜仕事をしていて寝ている人もいるかもね」などと話します。堂々と遊んでいい場所とそうでない場所があります。「休日は，君たちにとって遊べる日かもしれませんが，大人にとっては，『休日』＝『休む日』の方が多いんですよ」と話し，「公園なら堂々としっかり遊べます。遊ぶ場所を考えようね」と伝えます。

3　学校生活におきかえてみる

　校外の様子について低学年の子どもに話をしてもなかなかイメージがつかみにくいこともあります。そんな時は，学校生活におきかえて考えさせます。例えば「生活科で静かに虫の声を聞いている時，ろうかを大声で歩かれたらどうですか？」「休み時間，体育館でドッジボールをしていて，他の人たちにおにごっこで走り回られたらどうですか？」郊外の様子を学校におきかえて考えさせます。

予防のポイント

　本来，地域の方がその場で注意してくれたら済む話です。名前も名乗らず苦情だけ言って電話を切ってしまう方もおられます。必ずどこの地区の誰からの電話なのかを問い返します（それでも言われませんが）。予防としては，学校は学校での生活態度をきちんと教え，整えることです。家庭に帰る時は「武者修行の旅に出ていくつもりで学校で習ったことをするんですよ」と学校生活の姿が表れるかどうか見守るだけです。

Part8　保護者への対応―困った時の解決策と予防のポイント

1 「宿題の量が少ない（多い）」と言ってくる

> 保護者から「宿題の量が少ないので増やしてほしい」という訴えがありました。学級の子どもたち全体のことを考えて宿題の量を出してはいるのですが……。

これで解決！

- 個別に対応する
- 宿題は全員ができる最低限の量にする
- 習慣づけを一番大切にする

1　個別に宿題を増やす

　宿題の量について個別に言ってくる保護者に対しては，個別に対応します。「少ないようなら特別にもう1枚プリントを渡しておきますね」と伝えます。多いと訴えてくる保護者には「承知しました。できなくてもできた分だけで大丈夫ですよ」と個別に対応します。保護者一人の強い意見によって教師が適切だと考えている学級全体の宿題の量を変える必要はありません。

2　最低限の量にする

　低学年の宿題の量は，学級全員が無理なくできる量にします。ですから学級の中にいる一番課題のある子どもができる量になります。必然的に勉強が

できる子どもにとっては「少ない」と感じるでしょう。そのために余分にプリントなど「やりたい人はやってもいいよ！」と発展問題や難問プリントを渡してあげるとよいでしょう。

3　宿題は学習習慣をつけるため

　低学年の宿題は，学習ができるかどうかというよりも，家庭で学習する習慣を身につけさせるために出します。「お家で毎日ちょっとずつ」が大切です。分からない宿題をいやいや時間をたっぷりかけて夜遅くまでやっても効果はありません。「もうちょっと勉強したいな」と意欲が持続するくらいでちょうどいいです。

予防のポイント

　Part7「宿題ができない」に書いたように家庭での過ごし方はそれぞれ様々です。家庭によっていろんな事情があることを学級懇談などで話したうえで，宿題は家庭で勉強するための習慣づけであることを説明します。もしも少ないと感じられる場合は，自主学習として家庭にて学習の追加をお願いします。
　まれに「宿題じゃないとやらないので」という家庭があります。そんな時は，お家の方が選んで購入した問題集を「先生からのプレゼント！　特別にやってきて」と宿題のように本人に渡してあげたこともあります。

2 「お便りがなかなか届かない」と言ってくる

「学校からのお便りやプリントがなかなか届きません」という連絡がありました。子どもが机やランドセルに入れっぱなしで保護者に渡っていないようです。

これで解決！

- 連絡帳にはおたよりの枚数まで書く
- 「ちゃんと入れたかな？」と確認する
- いざという時はコピーを渡す

1 連絡帳と「おたより袋」を活用する

　連絡帳を書く際には，必ず「おたより3まい」のように枚数を書いておきます。大事な物の場合は「おたより『こんげつのよてい』」のように具体的な内容も書きます。加えて，最近は増えてきているようですが，低学年では「お便り袋」を持たせます。連絡帳とお便りが一緒に入る透明な袋です。「連絡袋」とも呼んでいます。連絡帳とお便りがセットになるので紛失も防げます。購入するのが難しい場合は，色のついたクリアファイルでもよいでしょう。また，教師も連絡帳に印鑑（スタンプ）を押して確認するとともに，お家の方にも連絡帳を見たことが分かるように印鑑（サイン）をもらいましょう。教師と保護者のやりとりができていれば，いつ，何が届いていないのか

すぐに分かり，対応できます。

2　お便りを入れる所まで見届ける

「お便りが届かない」と連絡のある子どもには，連絡帳とお便りをランドセルに入れる所まで見届けましょう。「ちゃんと入れたかな？」と確認します。入れてさえおけば，後は子ども本人と保護者の協力に委ねます。少なくとも「学校からは持ち帰っているはずですよ」と言えるようにしておきます。

3　お便りを保存しておく

保護者から「参観日の日程のお便りを持って帰ってなくて……」「今月の予定って出ていましたっけ」と急に連絡が入ることもあります。本当であれば，配布したはずのお便りを渡していない子どもを指導しなくてはいけませんが，それと同時にもう一度お便りを渡してあげましょう。「仕方がないなぁ。お家の人が困っていたよ。これ，前に配ったんだけどなぁ」と言って子どもに渡します。この声かけが子どもへの指導の代わりにもなります。

予防のポイント

お便りを2つに折る際，どのように折っているでしょうか。折り方1つで，なくす量が減ります。

お便りやプリントは原則，字が見えるように折ります。折った時に真っ白になると，何のお便りか分からなくなるからです。ただし，記入が必要であったり汚れたら困ったりするものであれば，内側が字の書いてあるように折ります。

お便り袋から出した瞬間に，お便りの中身・内容が分かるようにしておくのが紛失を防ぐコツです。

3 テストの点数をとても気にしている

ある保護者との話題がテストや学力のことばかりになります。「前回のテストが良かった，悪かった」とか「算数のあそこが分かっていなくて……」とかです。テストの点数がとても気になるようです。

これで解決！

- 頑張って指導することを伝える
- 「もっと見て」の裏返しと考える
- 個別の学習プリントで補習をする

1 学力向上は教師の務め

子どもが学校に来るのはできないことができるようになるためです。ですから勉強ができるようにして返すのが本来の姿です。テストの点数もとれるだけの力をつけてお家に返してあげるのは教師の務め。それに応えきれていないという意味を込めて保護者に「私ももっと頑張って指導しますね」と話しておきましょう。よい点数だった時は「こうき君，とても頑張りましたね」と子どもの頑張りを称えてあげましょう。

2 足跡の残るチェックをする

保護者がこのような要望を出す背景には「先生，もっと子どもたちの学習

をしっかり見てよ」という不満が隠れている場合があります。テストやプリント，宿題のノートなどのチェックを丁寧に見てあげましょう。間違えた問題を正してから返させたり，宿題のノートを教師が見た跡が残るようにしたりしておくと「見てくれているんだわ」という気持ちになるでしょう。

3 個別に宿題を追加する

公立の小学校の子どもの家庭の教育方針は様々です。卒業後は附属中学や私立中学に行かせたいと思っている保護者もいますし，家庭が勉強するのもままならないような環境にある場合もあります。そんな中で，テストの点数を気にされる保護者には相談のうえ，プリントを出してあげます。「必要であれば，特別に宿題としてプリントを渡しますがどうしましょうか？」と提案します。「プラスアルファの宿題」という目に見える形で補習をしていることが学力アップと保護者の安心感にもつながります。

予防のポイント

これからの学力は「主体的・対話的で深い学び」が求められています。保護者は，自分自身が過ごしてきた学習指導要領下での学校教育のイメージで教育観が形成されています。それは1つ2つ前の指導要領に則ったものとなり，現在求められる力とズレてしまう傾向にあります。

文科省から出される施策について保護者は知りません。学級だよりや学級懇談などで今の時代に求められている力を伝えていきます。

ただし基礎・基本的な部分は変わりません。テストで点数を取るくらいの学力はつけさせておきたいものです。

4 「友だちの家で遊ぶ時のマナーが悪い」と相談があった

> 子どもたちが休日や放課後，友だちの家で遊んでいるようです。そのお家の方から「家の中で大騒ぎをしたり，家の中にあるものを勝手に触ったりして困っています」と相談がありました。

これで解決！

- 教えていただいたお礼を言い，全体で指導することを伝える
- 「君の姿はお家の人の鏡だよ」と言う
- 学級全体に指導したことを伝える

1　保護者に対応する

　家庭でのことは本来，その時に家庭で指導してくれる方が効果はあります。しかし友だち関係を壊してはいけないとか，保護者に遠慮してとかなかなか言い出せないのも事実です。連絡があったら「ありがとうございます。他のお家でも同じような迷惑をかけている場合がありますので学校全体で確認し，指導していきます」と対応します。また「子どもたちの様子に目をかけていただきありがとうございます。また何かありましたら教えてください」と付け加え，子どもの迷惑行為をねぎらってあげましょう。もちろん報告があったことは管理職に伝え，学級全体と個人名が分かれば個別に指導することを忘れてはいけません。

2 個別に対応する

　具体的な名前が分かっていれば直接指導します。「友だちのお家と君たちのお家は違いますね。友だちのお家に行く時は，場をわきまえないといけません。自分のお家と勘違いしていた人はいませんか？」と場の違いを明らかにします。そのうえで「どんなに知っている友だちのお家であっても，お客様として過ごすんです」「迷惑をかけるような過ごし方はしません」と話します。加えて「君たちの姿は，君たちのお家の人の鏡なんです。お家の人がどんなしつけをしているのか，お家の人が恥ずかしくならないように過ごすんですよ」などと，しつけやマナーの面を強調します。

3 学級で対応する

　学級での指導は連絡をもらった保護者へのメッセージにもなります。学級全体ですから「友だちのお家に行く時に気を付けることは何かな？」「友だちのお家で遊ぶ時はどんな遊びをすればいいかな？」と問いかけるように話すと効果的です。指導後，連絡帳に「本日，学級でも指導しました」と一言添えるだけで信頼が増します。

予防のポイント

　小学校に入って子ども同士で遊びはじめると，誰かのお家で遊ぶことも増えてきます。学校には「お家の人がいない時には家の中で遊ばない」といった約束があるかもしれません。確認しておきましょう。
　友だちのお家で遊ぶ時は，私は次のことを話しています。
① くつをそろえること
② あいさつをすること
③ やさしい言葉を使うこと
　「〜してはいけない」という禁止・注意よりも，適切な目に見える行為・行動を示し，お家の方にとって印象のよいものにしてあげます。

5 「学級だよりをたくさん出してほしい」とお願いされた

「学級の様子を知りたいので，もっとたくさん学級だよりを出してくれませんか」と言われました。自分なりに定期的に出しているのですが……。

これで解決！

- あせらず自分のペースで出す
- １年生は連絡帳の代わり，２年生は学級の様子を書く
- 学級だよりで「誠意」は伝わる

1　連絡は最低限にする

　学級だよりについてもいろんな要望があります。今回のような要望もあれば，「自分の子ども（作文・写真）が少ない」とか，逆に「学級だよりが多すぎる」という要望もあります。そんなに気にする必要はありません。学年だよりがあれば，必要な情報は事足ります。そもそも学級だよりでは，必要最低限の情報を伝え，学級運営に支障がなければいいのです。学級だよりを書くことで忙しくなり，授業や校務がおろそかになってしまっては本末転倒です。学級だよりを書くことが好きな教師もいれば苦手な教師もいます。教師の個性は変えられません。自分のペースで出せばよいでしょう。目安の量をアドバイスをするとしたら週に１回，年間35枚でしょうか。

2　1年生と2年生では役割が違う

　1年生の学級だよりと2年生の学級だよりとは，内容が大きく変わります。1年生の学級だよりは，字が書けない子どもの連絡帳代わりになります。1週間の予定や明日の準備物などを学級だよりに書き，保護者に伝えていくため必然的に量が増えていきます。2年生になれば，連絡帳を自分で書き始めますので，わざわざ教師が連絡帳と同じことを書く必要がなくなってきます。ですから1年生の時と比べて学級だよりが少なくなるのは当然です。もしも2年生で同じ量を出すとしたら，学校で行った授業の様子や子どもの様子を伝えることが主になってくるでしょう。

3　学級だよりの量と授業の腕は比例しない

　学級だよりをどのくらい出すのかは教師の個性によるところが大きいです。保護者には，学級だよりを出すことによって教師の「熱意」「誠意」は伝わります。ただし学級だよりをたくさん出す教師の授業がうまいとは限りません。学級だよりの量と授業の腕は別物です。勘違いしないように。

予防のポイント

　「教師が思っているほど保護者は学級の様子を分かっていない」とは私の大学の恩師の言葉です。それ以来，若い頃たくさん学級だよりを出してきました。200号（毎日）を超えた年もあります。その時は書く時間と情熱がありました。年齢を重ね，家族ができ学校での責任ある校務が増えてくると情熱があっても時間がなくなります。大事なことを短い言葉で伝える工夫も必要になってきます。年齢や仕事の状況に応じて書いていきましょう。若い時，一生に一度は，たくさん出すことに挑戦してもいいかもしれません。書くネタを探すことによって子どもを観る目が鍛えられます。また，授業を楽しいものにし，その話を書こう！という意欲も湧きます。

6 クラス替えで「(特定の子どもと)一緒にしてほしい」と言ってくる

> クラス替えの時に保護者からいろんな要望を受けました。「仲良しの友だちと同じクラスにしてほしい」「乱暴なあの子とは一緒にしてほしくない」などです。

これで解決！

- 要望はあくまで要望ととらえる
- 約束はしない
- クラス替えはよりよい成長と指導のためと考える

1 参考意見の1つと受け止める

　クラス替えの時期は学校によっていろいろあります。かつては1・2年生の時は同じクラスで3年生の時にクラス替えが多かったようですが，最近は毎年クラス替えを行っている学校もあるようです。保護者から要望が届いたら「そうですか。承知しました」と受け止めておきます。「保護者の意見はお受けできません」「無理です」などと否定してしまうと保護者との関係も悪くなってしまいます。1つの意見として受け止めておきましょう。

2 話は聞くに留める

　絶対にしてはいけないのが「分かりました」「できるだけ希望に沿うよう

にします」といった形で保護者の要望を約束してしまうことです。約束すれば，「要望すれば先生は意見を聞いてくれる」という評判が立ち，さらに次年度以降もクラス替えの要望が増えてくることでしょう。また，約束したにもかかわらず要望通りにならなかった場合，教師への不信感が高まります。話は聞くに留め，約束してはいけません。

3 学年の子どもを一番見ているのは教師

クラス替えは，あくまで学年（学級）での子どもたちのよりよい成長と教師の指導のためにあります。学年の教師が集まってこれがベスト！と思った学級分けが一番よいのです。4月のクラス替えは新しい出会いとなり，子どもがよりよく変わるチャンスです。3月まではどんなに仲の良い子ども同士であっても4月からも続くとは限りません。また，3月までは乱暴だった子どもも新しい担任のもとで落ち着いて学習に取り組めるようになる場合もあります。堂々と教師の意見でクラス替えを行えばよいのです。

予防のポイント

最近は保護者からのクラス替えに関する意見も増えてきました。子どものためというよりも「仲良しの保護者同士が集まりたい」とか，「わが子さえよければいい」という保護者のわがままによる場合の方が多くみられます。

私は学年の最後の懇談会で「これでクラスは変わりますが，クラス替えがあるというのはとても素晴らしいことなのです」と話します。かつて小さな山間の学校に勤務していた話をします。各学年学級数が1つなのでクラス替えがありません。6年間，同じ人間関係なのです。「クラス替えがあれば新しくいろんな出会いがあります。新しくもっとよりよく変わろうという意欲がわきます。どんな学級でも自分次第で素晴らしい友だち，学級に出あえるんですよ」と伝えます。

7 特別支援の相談を受けた

保護者から「勉強がぜんぜんできないので心配です」「落ち着いて話が聞けないけれど不安です」と特別支援対象ではないかという相談を受けました。

これで解決！

- 話を聞き，受け止める
- 具体的な事実を集めておく
- 専門家の判断に任せる

1 何に困っているのかを聞く

　家庭で宿題が全くできず勉強が遅れている様子が見えたり，じっと座って落ち着いて勉強できなかったりする様子を見て，お家の方は不安になります。相談があった場合は，家庭での様子やお家の人の不安をまずはしっかりと受け止めます。絶対に「そんなことないですよ。大丈夫です」などと軽々しく話してはいけません。お家の方がどこの部分に困っているのかを聞きます。学習面なのか行動面なのか。暴れて手が付けられないのか，話が全くできないのかなど学校とは違う一面も見えるはずです。お家の方の話を受け止めて，学校での子どもの様子を観察したり子どもと直接「困っていることはないかな？」と面談をしたりして状況を把握していきます。